中国辺境地域の50年

――黒河流域の人びとから見た現代史

中尾正義
フフバートル
小長谷有紀　編

東方書店

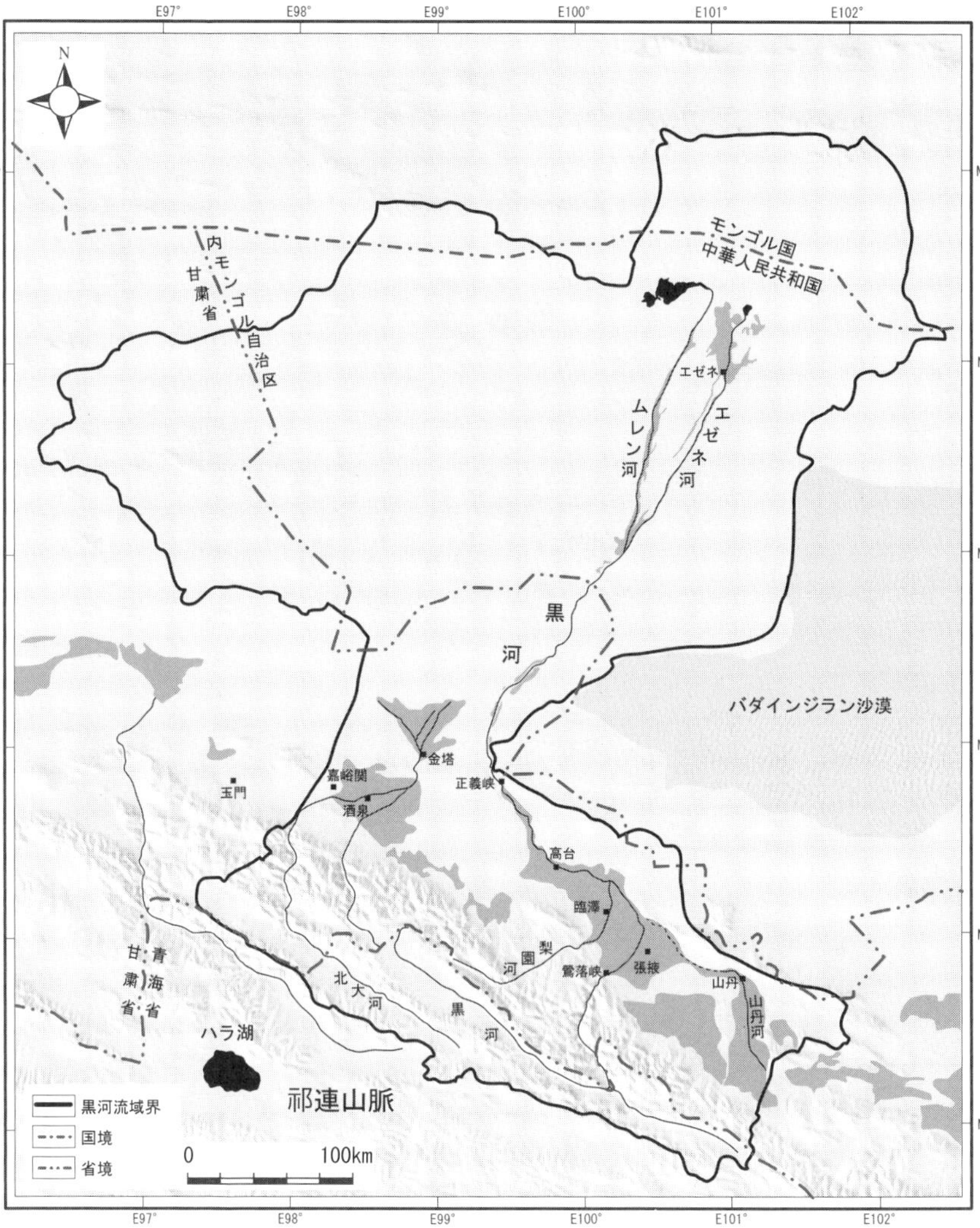

N
E97°
E98°
E99°
E100°
E101°
E102°
N43°
N42°
N41°
N40°
N39°
N38°
モンゴル国
中華人民共和国
内モンゴル自治区
甘粛省
エゼネ
ムレン河
エゼネ河
黒河
バダインジラン沙漠
金塔
嘉峪関
酒泉
玉門
正義峡
高台
臨澤
梨園河
張掖
鶯落峡
山丹
山丹河
北大河
黒河
甘粛省
青海省
ハラ湖
祁連山脈
黒河流域界
国境
省境
0
100km

まえがき

巨大な中国が動き出した。眠れる獅子と呼ばれた時代もあった。しかし最近の中国の経済発展は、まさに目覚めた獅子の咆哮かもしれない。

もともと中国は、世界史における東の雄であったといわれている。歴代の中華王朝の盛衰・変遷は、それだけでも人類の歴史の足跡を示すといえるのかもしれない。

中華人民共和国の成立以来、大躍進、文化大革命、改革開放、とさまざまな曲折をたどりつつも、その中国が再び歴史の主役として動き出したといえよう。

しかし目を見張る経済発展は、主として東部臨海地域に限られてきた。そこでごく最近は、西部大開発というスローガンの下に、中国西部に広がる広大な乾燥・半乾燥地域の開発に乗り出している。

そもそも現在の中国西部は、歴代の中華王朝にとっては辺境の地であった。異質な人々が住まう地、あるいは異質な人々との接点となる地であったということであろう。確かに中華王朝にとってはそうであったかもしれない。だからこそ、数々の戦乱を経験してきている地ではある。そこに暮らす人々にとって、心穏やかな日ばかりではなかったであろう。

考えてみれば、それはその地に暮らす人々のせいではなかろう。彼らはさまざまな政策や外交関係の軋轢の中で、いわば翻弄されてきたのだと言い換えられるかもしれない。

最近五〇年の歴史の中でも、さまざまな政策の転換や国際関係の変化にさらされてきた。そしてその中で、なんとか、あるいはしぶとく生き延びてきた人たちが暮らしている。

その人たちの生き様を何とか考えたい、というのが本書の意図である。


舞台は、中国西部にある祁連山脈に発してシルクロードが通る河西回廊を横切って北流する黒河と呼ばれる河の流域である。黒河は、海まで届かずに内陸で消滅する内陸河川のひとつで、内モンゴル自治区で消える。その規模は、中国の内陸河川の中ではタリム河についで二番目に大きい。

本書の第一部では、最近五〇年間での中国西部における政治的動きと黒河という河およびその流域を概観する。その上で、黒河に生きる人たちにとって、この五〇年とはいったいなんだったのかということを、第二部で考えてみたいと思う。

二〇〇七年三月

中尾　正義

目次

第二部 人々の戦後史

目　次

第一部　中国西部の五〇年と黒河流域

中国の社会主義建設と「西部」の環境

フフバートル

はじめに

近年、中国で「西部」という概念が広く使われるようになっている。そのなかで、「環境」としての「西部」は、首都北京などに強い衝撃を与えている黄砂と水不足や旱魃、そして、源流での植生破壊によってたびたび発生する河川の大洪水といった自然災害の「震源地」として、そのイメージを膨らませている。モンゴル高原の西南部から新疆に連なる砂漠地帯やオアシス、草原、ゴビ（砂礫を含むステップ）、盆地及びチベット・青海高原の植生帯を含むさまざまな異なる地形や生態からなるこの「西部」には、一つの共通点があった。それは、そのほとんどが少数民族の居住地域であり、中華人民共和国成立以降、国家の政策により数多くの工業地帯と穀倉地帯が現れたことである。それにより、地域の産業構造が変化し、少数民族の生活様式が大きく変わってきた。

本文では、中華人民共和国成立以降の五〇年にわたって「西部」で起きてきたこうした共通性に着目し、このような「西部の共通性」が西部の環境問題とどのように連動してきたのか、考えていきたい。

「環境」としての「西部」に対し、経済概念、または政治概念としての「西部」は、経済的急成長を遂げてきた沿海地域などの「東部」及び発展しつつある「中部」との比較で、経済発展が立ち遅れている諸地域を指すものである。それには広西チワン族自治区、重慶市、四川省、貴州省、雲南省、チベット自治区、青海省、陝西省、甘粛省、寧夏回族自治区、新疆ウイグル自治区、内モンゴル自治区など一二の市・省・自治区が含まれ、総面積は約六八〇万平方キロメートルである。国土の七一パーセントを占めるその範囲には、全国総面積の六四パーセントを占める少数民族分布地がほぼ丸ごと含まれている。それゆえ、現在、中国で進められている「西部大開発」は事実上、少数民族地域の開発を意味するものである。

移民による農地開拓——生産建設兵団

西部への移民や移民による西部での農地開拓は歴史的に絶えず続けられてきた。しかし、中華人民共和国建国後ほどおおがかりな開墾はかつてなかった。少数民族地域への漢族の移住が急増したなかで、とりわけ、新疆ウイグル自治区で農地開拓に従事してきた新疆生産建設兵団の存在は際立っている。

一九四九年、中国人民解放軍は新疆を解放後、ただちに荒地での屯田を始め、「軍墾」と呼ばれる農場開発を行った。一九五二年に新疆駐留解放軍部隊により二七の軍墾農場が開発され、そのなかに六一の鉱工業企業が設立された。一九五四年一二月に新疆生産建設兵団が正式に成立し、政府の動員により、退役軍人、都会の青年、知識人などが全国各地から新疆に送られ、ゴビでの大規模な開墾が始められた。生産建設兵団の設立に伴い、軍墾農場もそれに編入された。

しかし、天水に恵まれない乾燥地帯である新疆では水利なしには畑は営めなかった。その後五〇年にわたって、生産建設兵団は、新疆で九〇余のダムを建設し、それに伴い、灌漑網が拡大され、新疆におけるオアシスも膨張してきた。生産建設兵団は農業に限らず、石油と鉱山の開発も極めてきた。

現在、生産建設兵団は、新疆ウイグル自治区の天山南北の各地に分布し、実際、自治区の八六の県・市のうち五七の県に兵団が配置されている。その規模は、一七四の農場と牧場及び四三九一の工業、建築、運送などの企業商社に及んでいる。

新疆の綿花の生産量は現在全国の二八パーセントを占め、中国最大の綿花生産基地となっている。石油と天然ガスもそれぞれ全国の三位を占めている。五〇年にわたる外来的「自然改造」を経て新疆の「一白二黒」（綿花及び天然ガスと石油）は、なくてはならない重要な原料と資源として高度経済成長中の中国を支えている。

ゴビをオアシスに変えてきた新疆生産建設兵団は、中国の辺境開発のモデルでもあった。東北部の「北大荒」での農業開発に続き、文革の時期は、甘粛省、寧夏回族自治区、青海省、内モンゴル自治区、チベット自治区などでも生産建設兵団が設立され、山間部と草原、ゴビで大規模な開墾が行われた。

黒河上中流域とその周辺にも生産建設兵団「河西墾区」が設立されていた。「河西墾区」には、一六の農場と二つの牧場、八つの工場、二つの鉱山、二つの建築公司がある。そのほかに、商業機構や病院、学校などもある。黒河中流域には、灌漑システムによる生産性の高い張掖農場（耕地面積一・六一二六万畝）、下清河農場（耕地面積二・三二五五万畝）、臨沢農業（耕地面積六八六〇畝、林地一五六〇畝）、生地湾農場（金塔県に位置する）などの四つの農場がある（『甘粛省志　第十九巻　農墾志』、一六一～一八四）。

中国の現代工業と西部

中国の現代工業の発展は、西部での開発と深いかかわりをもってきた。一九五三年から実施された第一次五カ年計画では、制度面における社会主義改造と国家の社会主義工業化が重要な目標となり、重工業優先の政策が取られた。それに伴い、ソ連の技術的援助による一五六の巨大プロジェクトの多くが西部で実施された。一九五七年以降、内モンゴルの草原で現れた鉄鋼の町――包鋼（包頭鋼鉄公司）の建設もその一つであった。

ソ連の技術的援助と指導を受けて導入された巨大プロジェクトの多くが荒野など飛び地にワンセットで建設された。包鋼もその背後にある周囲数百キロにわたる鉱山区と膨大な人口を抱える居住区などからなっている。そのために、包鋼自体が一つの社会となり、娯楽や福祉、サービス業、教育施設などはいうまでもなく、中国に数少ない鋼鉄大学の一つである包頭鋼鉄学院（中国政府冶金部直属）を内包しているほどである。行政や管理体制上、こうした企業や工業地帯は中央政府直属の大型国有企業であるため、地方の権限の及ぶところではない。

第一次五カ年計画の時期に、内モンゴルでは鋼鉄以外に国防工業のプロジェクトが多く実施された。中国兵器――第一機械、中国兵器――第二機械、中国三〇三（包頭鋁業）、大興安嶺森林伐採基地と東風航天基地などがそれである。

中国兵器――第一機械は現在、包頭北方奔馳重型汽車有限会社となり、敷地面積は二〇一〇万平方キロメートルで、従業員の数は約二・三万人である。中国兵器――第二機械は現在、中国兵器――北方重工となっている。中国三〇三は、現在の包頭鑪業で、中国最大の鑪合金基地である。そして、黒河下流域である内モンゴル自治区エゼネ（額済納）旗のボルオール（青頭山）オアシスに位置する東風航天基地は、一九五七年秋から十余万人の人民解放軍を投入して建設されたミサイル発射実験場であった（『額済納旗志』、六五五）。現在は世界三大人口衛星発射地の一つとして知られ、東風航天城と呼ばれている。「エゼネは人より電信柱が多い、住民より軍人が多い」と言われるゆえんである。

ここでは内モンゴル自治区の例をいくつか見た。第一次五カ年計画の大プロジェクトによる飛び地的な工業地帯は、他の少数民族諸地域にも数多く現れたが、こうした工業地帯の開発はほとんど「外来人口」によるものであった。

この時期の最大の失策は森林の破壊であった。大規模な経済建設には大量の木材が求められた。とくに、大躍進の鉄鋼生産の時期は、大量の木が燃料として切り取られた。それに、森林伐採基地の建設も第一次五ヵ年計画のプロジェクトの一つであった。例えば、内モンゴルの大興安嶺の原生林地帯（全国森林地帯の五分の一を占める）では、七つの森林採伐局が設立され、二九二三キロメートルの森林鉄道と四〇五六キロメートルの自動車道路が建設された。それにともない、その五年間に大興安嶺の山奥に人口一万人を超える町が五つ現れた（『当代内蒙古簡史』、一二九）。

西部地域における第二の工業建設のピークは「三線建設」の時期であった。「三線建設」とは、一九六〇年代の半ばから西北、西南で行われた大規模な経済建設のことである。そのきっかけは、中国がおかれていた当時の国際関係及び軍事面での危機感によるものであった。毛沢東は戦略上、国土を一線（沿海地帯と国境地帯）、二線（二線地帯と内陸地帯の中間部）、三線（甘粛、青海、寧夏など西部内陸七省・自治区）に分け、一九六九年から七五年まで約一二七〇億元に及ぶ国家基本建設費を「三線」での建設に投入した。それに伴い、上海、大連、青島などの沿海地域から多くの工場や工業設備及び労働力が西部に移転されたため、二〇〇〇余の大・中型企業と研究所が三線地帯で建設され、三〇の新興工業地帯が現れた。ところが、こうした開発地域の食糧問題が中国にとって大きな負担になり、「南糧北調」（南の食糧を北へ移すこと）の政策により辛うじて維持されてきた。

西部で誕生した新興工業地帯の例として、ここでは第一次五カ年計画と三線建設の期間に登場した甘粛省にある次の諸企業名を挙げておきたい。

中国最大の化学工業基地である蘭州化学工業公司（一九五七年に蘭州化学工業工場として設立され、一九六〇年に現在の名称に改名）
中国最大の有色金属基地である白銀工業地帯（白銀市）
嘉峪関鋼鉄基地（嘉峪関市）
中国三大油田の一つである玉門油田（一九四〇年代に建設され、この時期に拡大）

甘粛省における五〇年にわたる重工業の建設は、そのほとんどが資源を柱とした外来人口による開発であり、それが本省以外からの人口を急増させた。これら飛び地的な工業地帯の登場は大量の農地を占用し、また、広大なゴビや草原の開発をもたらした。

甘粛省はもともと人口密度が高かったため、長期にわたり、食糧の自給自足ができず、国家の「南糧北調」政策に頼っていた。そのため、一九七〇年代と八〇年代は、新興工業地帯の食糧を確保する目的で、二回にわたる大規模なゴビ開発が行われた。一回目は、「文革」中の一九七〇年代前半であったが、それは「ゴビから食糧を求める運動」と言われていた。この時期の開発は、主に農民と牧民の「自力更生」を奨励することによって行われ、国家は投資しなかった。そのために水利用などのインフラ建設がついていかず、挫折に終わった。

一九八〇年代以降、国家は多くの予算を注いで西部で多くの国家食糧生産基地を造りあげ、新興工業地帯に食糧を供給してきた。黒河中流域の河西回廊の食糧基地は、国家十大商品食糧生産基地の一つであった。そのために、黒河中流域のゴビ地帯で多くの移民基地が建設された。

辺境の建設と文化の画一化

上述の生産建設兵団は辺境建設の発展モデルであったが、中国が少数民族居住地域で推し進めた辺境建設の発展モデルはほかにもあった。政府はそれを実施することにより、少数民族の文化的変容を誘導してきた。

一九五〇年代から伝統的な遊牧を定住型の放牧に変える政策が実施され始めた。とくに、「文革」の時期からは少数民族地域に対し、外来的な改造を強制的に行うようになった。例えば、内モンゴル自治区の牧区（放牧地区）では、「文革」の間、漢民族農村のやり方をモデルに「牧民新村」（居民点）が建設され、どれだけ定住化が進んでいるかが発展を示するしとなった。そうした政策は「村」と牧草地との関係をよく考えていなかったため、それが特定の牧草地での過放牧（過密な放牧）の原因となり、砂漠化など牧草地の著しい悪化をもたらした（馬国慶、二〇〇一、一八四）。

一九七〇年代、甘粛省境内の黒河中流域のゴビ地帯にあるヨゴル族牧民の居住地では、若者たちがゴビでの農地造成のために組織された。それに伴い、一つの村に一つの農場、または一つの居民点が造られた。こうした大面積の耕地開拓が「文革」の一〇年間にわたって続けられた。また、農業灌漑を行うために、湖と畑の間に用水路を造り、水を引いた。その時期から湖が枯渇し始め、野生動物もそこから姿を消した（マイリーサ、二〇〇四、五五）。

改革開放の政策が実施されてから、少数民族の伝統的な生活様式に対する「改造」は、国家の管理者及び研究者の重要な課題の一つとなった。例えば、一九八〇年代から少数民族の放牧地で広められた「草庫倫建設」（牧草地を有刺鉄線などで取り囲むこと）のモデルは、その一つであった。

家庭請負責任制の実施以降、内モンゴルの放牧地でも家畜と牧草地が個人に割り当てられるようになった。家畜の私有は昔からの遊牧の伝統であるが、牧草地を農地のように細かく切り分けることはかつてなかった。しかし、政策上牧草地が個人に割り当てられていたため、場所によっては割り当てられた牧草地に余所の家畜が入らないように有刺鉄線を引かざるをえなかった。それは草原での家畜と人間の自由な移動が前提であった放牧業にとってはあってはならないことであり、遊牧地や放牧地全体の発展モデルになるようなことではなかった。ところが、中国の国家政策に影響力をもつ立場にある学者たちがそれに注目し、政府がそれを資金提供などによって奨励すべきだと主張しだした。つまり、そうした牧草地の管理方法は、個人の牧草地を極端に限定するため、牧民たちが自ら進んで家畜を減らし、家族を減らすよい動機になる、それが国家の環境政策と人口政策に貢献するのだという主張であった（潘乃谷・馬戎、二〇〇〇、一二二～一二三）。

生産請負責任制が実施されてからこの「草庫倫建設」のモデルは全国の多くの少数民族地域で推し進められてきた。しかし、地域や場所によっては、上級幹部の見えやすい道路脇にしか「建設」されていない事例も見られる。

「草庫倫建設」のもう一つのモデルは、農業によって牧業の発展を促すという「家庭小草庫倫建設」であった。一九九〇年代に普及され、具体的には、牧民の各世帯が牧草地の一部を農地に変え、そこで家畜の飼料としてトウモロコシなどを栽培した。このような、「農牧結合」の構想は人類学者の費孝通が提起したものであった。費孝通によれば「一カ所の小草庫倫は一つの生態圏である。一つの小オアシスは局部地の生態環境を改善するのにたいへん積極的な意義をもつ」ということである（潘乃谷・馬戎、二〇〇〇、一五八～一五九）。

この発展モデルは、政府の動員により、多くの少数民族地域で「七五扶貧政策」及び「生態移民政策」など、さまざまな形で推し進められてきた。環境保全や貧困改善を目的にしたはずのこれらの政策が多くの地域で逆効果をもたらしていることはすでに報告されている。例えば、黒河流域で行われた「生態移民」政策は、新たな地下水下降の問題などを引き起こしている（中尾正義、

「地球環境問題と「生態移民」」小長谷有紀他、二〇〇五、三〇四）。

おわりに

以上、中国における「西部」の位置づけを社会主義建設の過程で見てきた。

中華人民共和国成立後、中国がまず直面したのは膨大な人口と深刻な食糧問題であった。政府にとって食糧の増産は突きつけられた最大の課題であった。「現代屯田」（オアシス造り）は、中国が食糧問題を解決するため取ってきた重要な手段の一つであった。数十年にわたり、中国政府は大量の移民を西部辺境へ送り込み、ゴビと草原を穀倉地帯に変えてきた。それと同時に、「南糧北調」であった食糧調整のシステムを「北糧南調」に改め始めた。西部辺境がもつもう一つの貢献は、資源の提供地として「祖国建設」を支えてきたということであった。中華人民共和国建国後、政府は一貫して、西部を経済発展の原料・資源の調達地として開発してきた。とくに、少数民族地区の鉱産資源の開発は、「社会主義建設の需要を大いに満足させた」とよく言われているほどである。

しかし、注目すべきは、食糧や原料・資料の生産の強化が西部での環境破壊を引き起こしてきたことである。大量の人口移動は、辺境地帯における人口の著しい増加をもたらしてきた。それに伴い、数多くの草原やゴビ地帯が消えていった。また、屯田と食糧生産基地を造りあげるために、水資源が過剰に利用されてきた。それが湖と地下水の枯渇をもたらしていた。それに、重工業の建設過程において森林、とくに、原生林が著しく破壊されてきた。この時期は河川の源流地帯である水源林が大量に伐採された。森林の破壊は、国による山間部での鉱山開発とも関係があった。そして、西部での重工業建設自体が耕地拡大と連動してきた。多くの新興工業地帯の背後地に灌漑システムによる生産性の高い農業地帯が誕生してきたからである。それにより「オアシス農業が一定規模の工業区と都会に連結する」という体系が形成されてきた。

このように、西部地域での建設及び発展過程は、実際、「改造自然、征服自然」（自然を改造し、自然を征服する）の過程でもあった。その過程において、政府は少数民族の生産様式に対しても自らの「人定勝天」（人間の力は必ず大自然に打ち勝つ）という開発の経験を手本に、外来的「改造」を押し付けてきた。「西部大開発」が勢いよく進められている今日、こうした傾向はますます強くなっている。

「西部大開発」とは、東部沿海地帯と西部内陸諸地域との経済的格差を是正し、西部での経済発展の環境を整えることを目標とした国家プロジェクトである。それには当該地域が抱えている環境問題を改善するための「生態環境保護」の事業も含まれている。河川上流域での天然林の保護事業や草原地帯での「退耕還林（草）」（耕地を林地や草地に戻す）の事業、「禁牧」（放牧禁止）政策などがそれである。しかし、こうした環境保護事業のなかで文化的な要素はまったく無視され、少数民族の伝統的生活様式が環境問題を引き起こした元凶とされている。そのために、遊牧民は山麓部や草原、ゴビから移転させられ、オアシスの周辺と町の周辺などでの「舎飼養畜」（囲いの中で家畜を飼うこと）などを強いられている。一方、西部で環境問題を引き起こしてきた「軍墾」や「農墾」、そして、資源型の工業開発などは、生態保護上問題にされるばかりか、ますます勢いを増している。高度経済成長に伴い、深刻なエネルギー不足に直面している中国は、これまでになかったスピードと規模をもって資源開発を進めている。「西気東輸」（西の天然ガスを東の沿海地帯などに送ること）、「西電東輸」（西の電気を東に送ること）などがその例である。

今日、中国にとって「西部」がもつ意義はまさに、「西部大開発」の政策実施者が示す通りである（楊発仁、二〇〇四、二九）。

西部は資源が豊かで、かつ集中する、潜在力のある巨大な開発地区である。これらの資源を大規模に開発してはじめて全国、とくに東部の資源的制約の問題が解決できる。それにより、国家経済全体の持続的、スピードのある健康的な発展が保障される。

このように、「西部」が周辺化され、画一化されているなかで、中国の環境問題は新たな局面を迎えるであろう。

参考文献

愛知大学現代中国学会、二〇〇四、『中国21　特集 中国西部大開発』VOL18、風媒社
小長谷有紀・シンジルト・中尾正義、二〇〇五、『中国の環境政策　生態移民――緑の大地、内モンゴルの砂漠化を防げるか？』（地球研叢書）昭和堂
甘粛省地方志編纂委員会、一九九三、『甘粛省志　第十九巻　農墾志』甘粛人民出版社
粛南裕固族自治県地方志編纂委員会、一九九四、『粛南裕固族自治県志』甘粛民族出版社
額済納旗志編纂委員会、一九九八、『額済納旗志』方志出版社
『当代内蒙古簡史』編委会、一九九八、『当代内蒙古簡史』当代中国出版社
潘乃谷・馬戎、二〇〇〇、『中国西部辺区発展模式研究』（社会学人類学論叢第22巻）民族出版社
馬国慶、二〇〇一、『走進他者的世界』学苑出版社
李錦・羅涼昭等、二〇〇一、『西部生態経済建設』（西部開発戦略研究叢書）民族出版社
呉建国・馬勇・肖琼、二〇〇一、『西部大開発与興辺富民行動』（西部開発戦略研究叢書）民族出版社
劉興全・劉秀蘭・趙心愚・呉炎、二〇〇一、『中国西部開発史話』（西部開発戦略研究叢書）民族出版社
楊発仁・楊力、二〇〇四、『西部大開発与民族問題』人民出版社
マイリーサ、二〇〇四、「黒河中流域における人間活動と水利用――粛南ヨグル（裕固）族自治県明花区の事例」（総合地球環境学研究所『オアシス地域研究会報』第4巻第1号）
戴逸・張世明、二〇〇六、『中国西部開発与近代化』広東教育出版社

黒河流域の自然と水利用

窪田　順平

氷河・オアシス・沙漠、そして草原

最近ではインターネットを使って世界各地の衛星画像を簡単に見ることができるようになった。衛星画像でユーラシア大陸の中央部を見ると、東はモンゴルや中国の内モンゴル自治区にはじまり、新疆ウイグル自治区、カザフスタンやウズベキスタン、キルギスなど中央アジア諸国、そしてさらにイランやイラク、アラビア半島へと連なる広大な乾燥・半乾燥地域が広がっているのがよくわかる。この地域はユーラシア大陸の中央部にあって海洋から遠く離れており、降水の起源となる海からやってくる水蒸気は、途中の山々で遮られて届かず、広大な乾燥・半乾燥地域となっている。

ユーラシアの乾燥・半乾燥地域には、南にチベット高原の北縁となる祁連山脈、崑崙山脈があり、またその中央を東から西へと連なる天山山脈などが存在する。さらにその西には、ヒマラヤやカラコルムから続くパミールの山々が聳えている。これらの山々は、標高が七〇〇〇メートルを越える高峰もあり、夏でも雪に覆われ、氷河がたくさん存在する。近年の気候変動によって氷河が縮小しているといわれるが、これらの山々からの雪や氷河の融け水は、今でも山の麓に流れ出して、広大な乾燥・半乾燥地域に、例外的に水資源に恵まれたオアシスを作り出している。

数千年も昔からこうしたオアシス周辺では農業が行われてきた。特に中央ユーラシアの中央に大きく広がるタクラマカン沙漠（タリム盆地）の南縁、北縁の山麓部扇状地には、北の天山山脈、南の崑崙山脈から流れ出る河川がオアシスを作り出している。これらのオアシスをつないで、ユーラシア大陸を東西に結ぶ、いわゆるシルクロードが存在し、東西交流を支えると共に、独自の文化を形成していた。

オアシス周辺を潤した水は、さらに下流へと流れ下って沙漠の中へと消えてゆく。このように海への出口をもたない河川を内陸河川と呼ぶ。内陸河川は、末端で沙漠の中に湖を形成しているところも多い。一九世紀の末から二〇世紀初頭にかけて有名な探検家であり、また中央ユーラシアの地理学、歴史学、考古学など様々な分野に大きな影響を与えたスウェン・ヘディンやスタインがその所在や成因をめぐって論争を繰り広げた幻の湖・ロプノールも、タクラマカン沙漠を流れるタリム河の末端湖であった。このように中央ユーラシアの乾燥・半乾燥地域は、高山の雪や氷を起源とする河川が、山麓扇状地にオアシスを作り出し、やがて沙漠の中に消えてゆくという景観を持っている。

乾燥地の遊牧業と農業

中央ユーラシアの乾燥・半乾燥地域は、例外的に水資源に恵まれたオアシスを除くと、比較的降水量の多い北側の草原地帯を中心に、遊牧が人々の生業であった。遊牧民達は、乾燥・半乾燥地域という限られた水資源に支えられた生態系を持続的に利用するために、移動を繰り返すことによって、人間活動の影響が特定の場所に集中することを防いでいた。また乾燥・半乾燥地域は、降水量そのものが少ないだけでなく、その変動が大きいことも特徴である。このためある年には降水量に恵まれて草原が豊かになる時もあれば、まったく雨が降らず草の育たない年も出現する。降水量の変動による旱魃や、あるいは気温が下がったり思わぬ雪に悩まされるといった気象災害に対しても、移動はそれを避けるための手段であった。

一方オアシス地域で営まれていた農業は、移動を前提とする遊牧とは異なり、豊富な水を有効に利用するための灌漑水路の建設など様々な工夫が積み重ねられ、少しずつその面積を広げていったと思われる。しかし、乾燥・半乾燥地の農業には、水の制限だけでなく、塩害という大きな問題もある。

乾燥・半乾燥地域では、夏には大変気温が高くなり、空気が乾燥しているので、活発な蒸発が地面から生じる。このため地面の中に灌漑によって供給された水は、地下の深いところから地面へと吸い上げられる。特に地下水位が浅く地表面に近いところでは、地表面へ向かう水の移動が生じやすい。その際、地中にある様々な物質が水に溶け込んで地表面近くに移動する。水は最終的には蒸発し、地表面近くには水が地中から運んできた物質だけが残され、時間の経過とともに集積してゆく。これが塩類集積と言われる現象で、塩類集積が続くと、塩分濃度の上昇により普通の作物は育てることが出来なくなる。乾燥地に行くとあたり一面塩がたまって真っ白になった土地を見かけるが、これが塩害地である。塩害を解消するためには、多量の水をかけ流して洗い流す他に有効な手段はない。また地下水位の浅い地域では、何らかの方法で排水を行って、地下水位を下げ、塩害の発生を防ぐ必要がある。

中央ユーラシアの乾燥・半乾燥地域では、オアシス周辺を除いては水の制約があるために、広大な土地が農業には利用されずに残っていた。つまりこれらの地域は、水の制約はあるものの日射、気温等農業生産に関わる気象条件が良く、潜在的な農業生産適地でありながら、手つかずの状態であった。このため近代になって大規模な土木工事が可能になり、かつ人口増加による食料増産の必要性の高まる中で、北アメリカ、オーストラリアなどと同様に、二〇世紀後半には中央ユーラシアでも大規模な灌漑農地の開発が行われることになった。中国でも、新疆ウイグル自治区、甘粛省、青海省などで、山岳地域から沙漠へと流れる河川の水を利用して、古くから存在するオアシスを大規模に拡大する形で農業開発が進んだ。

黒河流域の水循環と近年の水不足

中央ユーラシアの乾燥・半乾燥地域を流れる河川は、降水量が多く氷河の存在する上流山岳地域、山麓に拡がる扇状地に河川の水を利用して灌漑農地が作られた中流オアシス地域、その下流の広大な沙漠地域の三つに区分される。我々が研究対象とした黒河も、青海省と甘粛省にまたがり、チベット高原の北縁を形作る祁連山脈を水源とし、古くから灌漑農業の盛んな張掖、酒泉等のオアシス都市の存在する中流域を経て、内モンゴル自治区の沙漠地域に入って消滅する内陸河川である（口絵地図参照）。全長約四〇〇キロメートル、流域面積は一三万平方キロメートルで、日本の面積の約三分の一に相当する広大な流域である。上流部の祁連山脈には氷河が存在し、年降水量は六〇〇ミリ程度である。祁連山は北西―南東の方向に延びる山脈であるが、その中央から南東側に流れて途中で北に向きを変えて中流の張掖へ流れる本流に対し、北西側に流れて酒泉を通る大きな支川があり、北大河と呼ばれる。現在北大河の水は、酒泉やその下流の金塔でほとんど農業用水として使われてしまっており、本流に達していない。

中流のオアシス地域の年降水量は一〇〇〜二〇〇ミリ程度、下流の沙漠地域では五〇ミリ以下に過ぎない。中流のオアシス地域は、河川水と地下水を利用する灌漑農地が広く存在している。下流域では、地下水を主に利用する農業が営まれる一方、オアシスや河川の周囲、あるいは沙漠の中に存在する限られた植生を利用した遊牧が営まれていた。

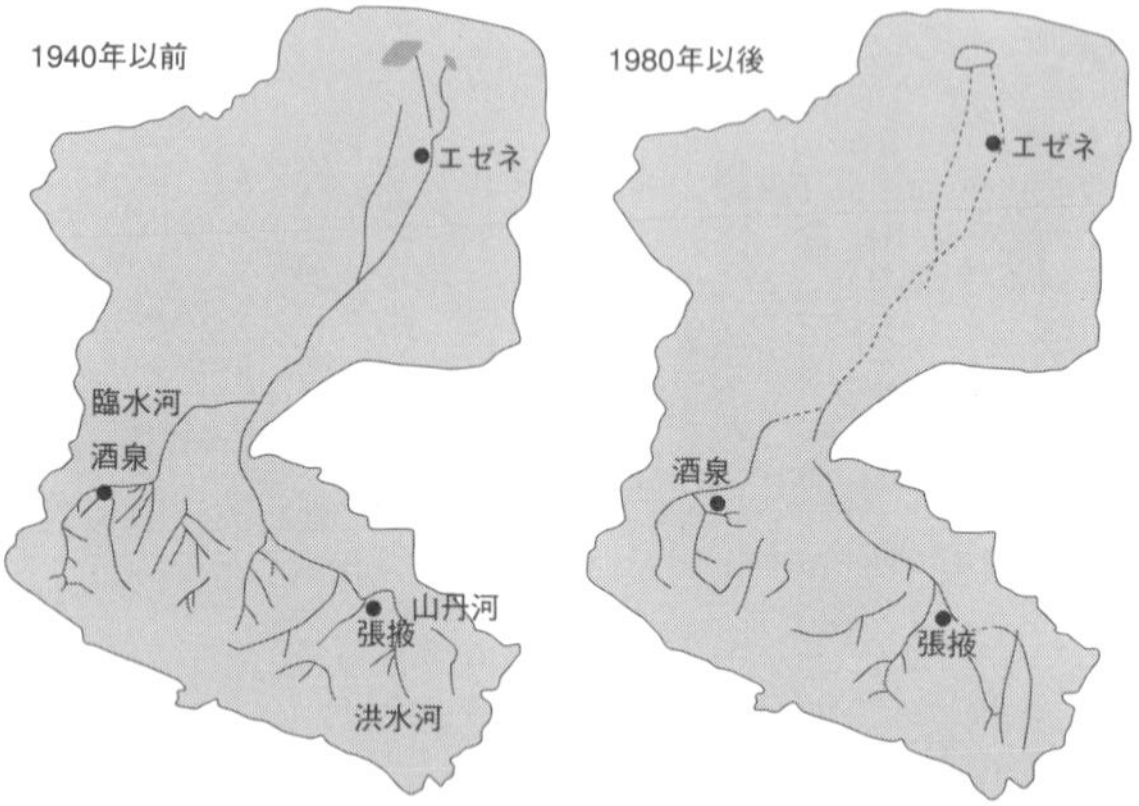

図１　黒河流域の1940年以前と1980年以後の河道の比較
（Wang and Cheng, 1999 を一部改変）

写真１　先枯れをおこした胡楊の林

黒河では、特に一九五〇年以降河川の断流、下流域での地下水位の低下、植生の衰退、末端湖の消滅といった水不足が深刻化した。図1は一九四〇年以前と一九八〇年以後の黒河の川の水の有無を比較したものである。先に述べた北大河の断流だけでなく、さまざまな支流が本流と切り離されてしまっていることがわかる。写真1は下流の河川の周囲に広範囲に存在している胡楊の木が水不足のために先枯れを起こしている様子である。胡楊の林は下流域を代表する植生であるが、一九九〇年以降衰退が激しくなったといわれる。また下流域は、黒河の形成するデルタが広がっており、しばしば流路を変えながら川は流れていた。一九四〇年代後半には、下流は東の河（エゼネ河）、西の河（ムレン河）にわかれて流れており、それぞれソゴノール、ガショーンノールと言う末端湖を形成していた。しかし一九三〇年代には三〇〇平方キロ以上の面積を持っていた末端湖も、一九六一年にまずガショーンノールが干上がって約三〇平方キロ程度へと急激に面積を減らし、一九九二年には残ったソゴノールが干上がってしまった（Wang and Cheng, 1999）。なぜこうしたことが起きたのか、黒河の水循環の特徴と水利用の変遷をあわせて検討する。

山岳降水と氷河融解水の重要性

海洋や陸地から蒸発した水蒸気を含む大気が、山にぶつかって上昇すると気温が下がるため、大気に含まれていた水蒸気は凝結し降水となる。降水はその時の気温によって雪、すなわち固体

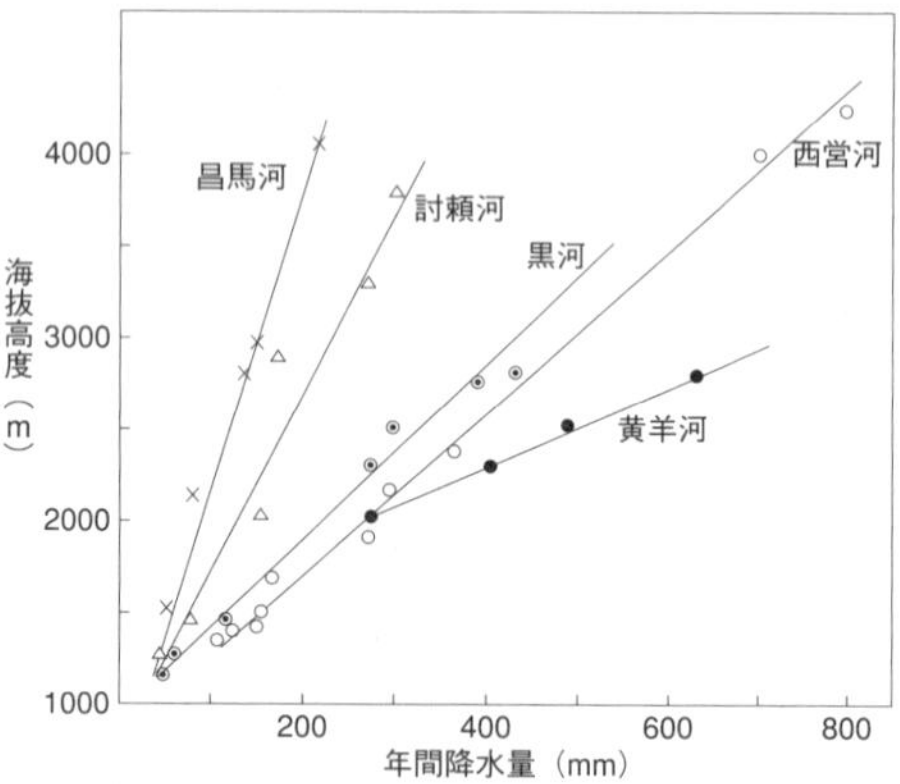

図２　祁連山脈から北へ流下する河川沿いに測定した年間降水量の高度分布（中尾、2004）

の氷あるいは液体の水となる。このため一般に平地の降水量と山地の降水量とを比べると、山の高いところほどたくさんの降水が降る。図２は、黒河の源流域である祁連山脈の様々な地点で観測された降水量と、その場所の標高との関係を示している。この図からも、標高が高いところほど降水が多くなることがよくわかる。黒河だけでなく中央ユーラシア乾燥・半乾燥地域の水資源は、山岳地域の降水量に大きく依存している（「コラム」黒河流域の気候と降水量の変化参照）。

　標高が高いところでは気温が低いため、降水は雪の形でもたらされる。一年間に降る量と融ける量は、気温や日射、風速などによって変わるが、標高が高くなって気温が低くなると降る量の方が融ける量に比べて多くなり、降った雪が年を越えて残ることになる。こうして越年した雪がやがて量が多くなるとゆっくりと液体のように流動をはじめる。こうして出来たのが氷河である。氷河は寒冷な時期が続いて融ける量が減ると、次第に蓄える量が大きくなって拡大する。逆に温暖な時期には融ける量が増加し、氷河は縮小する。ここで注意したいのは、氷河が拡大するのは気温が低くて融ける量の少ない時期で、逆に氷河が縮小するのは気温が高くて融ける量の多い時期であることである。現在、黒河に存在する氷河をはじめ、中央ユーラシアにある氷河の多くは縮小を続けているが、河川水の量を考えると、水をより多く流していることになる。私たちは、ともすると氷河が拡大する時期に、氷河の水源としての役割が大きくなるように考えがちであるが、現在のような縮小の時期こそ、河川への氷河の融水の寄与は大きくなる。

氷河がどれだけ融けるかには、既に述べた気温や日射、風速などの他に、氷河の表面の状態が大きく関係する。これらの要素を含めて考えると、氷河はむしろ雨が少なくなって河川水が減少する時期にそれを補う形でたくさんの融け水を供給していることがわかってきており（「コラム」氷河の恩恵参照）、乾燥・半乾燥地域の水資源を考える上で重要な要素である。

河川水と地下水の相互作用

図3は、黒河流域の水の流れる過程を模式的に示したものである。上流域にもたらされた降水や、雪や氷河の融解水が水源となって河川が形成され、中流の山麓の扇状地に流れ出る。扇状地は河川が運んだ土砂が堆積してできた水通しのよい場所なので、河道から地下に水が浸透して行き、地下水となる。また上流の山岳域からも量的には不明であるが、山の岩盤の中に水がしみ込んで、長い時間をかけて中流の扇状地の地下に流れ込んでいる。さらに灌漑で農地に供給される

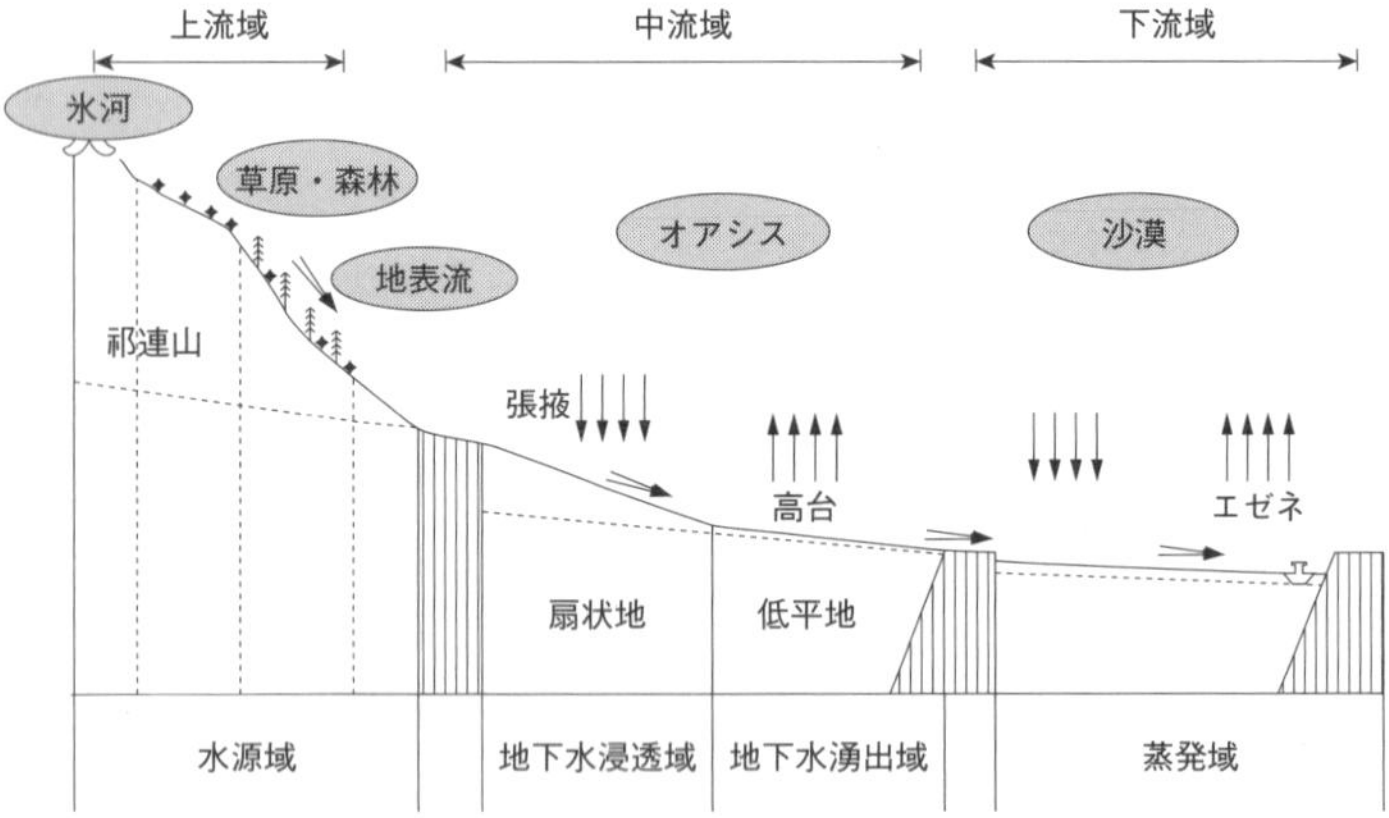

図３　黒河流域の水の流れの模式図（Wang and Cheng 1999 を一部改変）

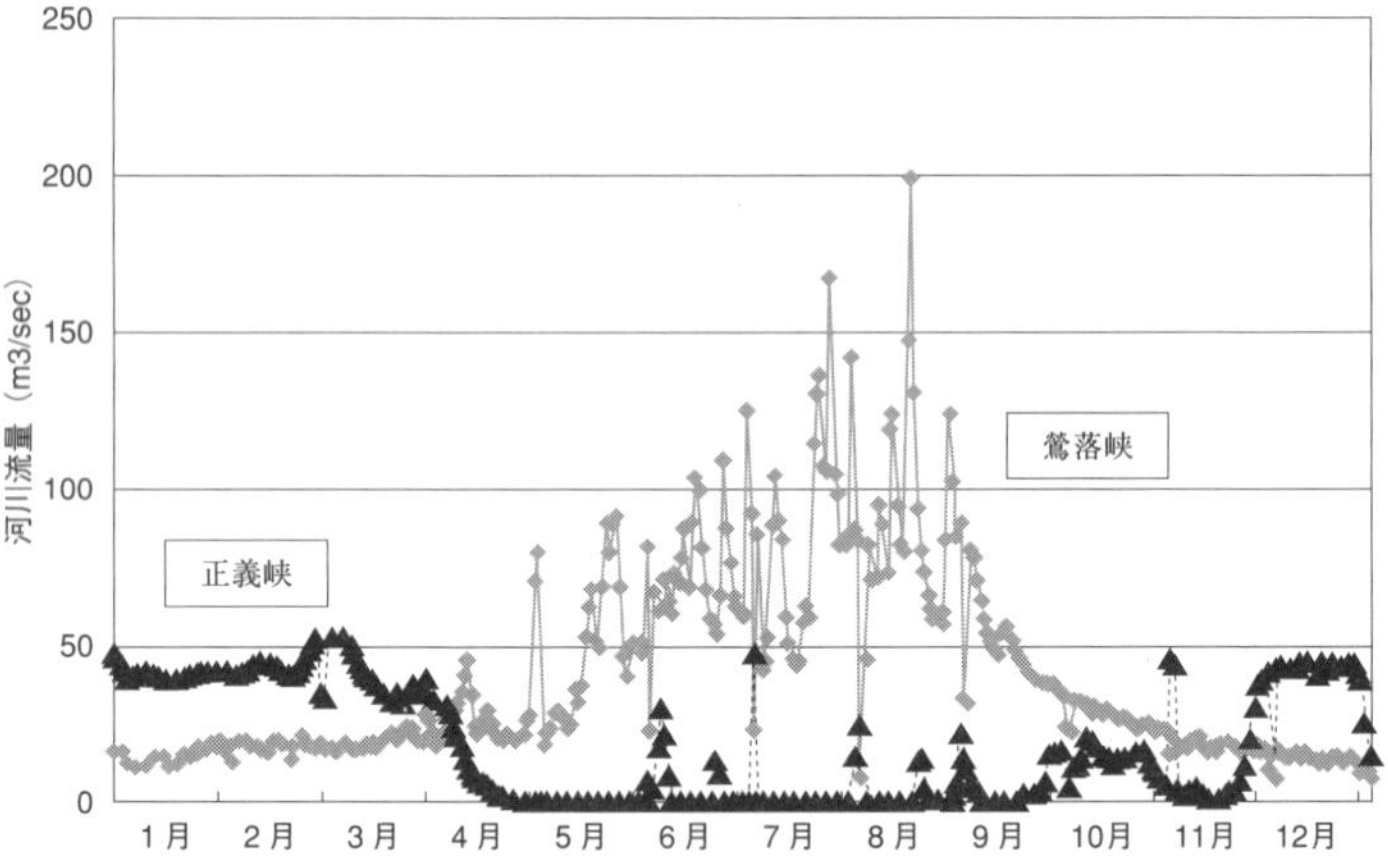

図４　1991年の鶯落峡、正義峡の日流量の変化

水のうち、大気中に蒸発や蒸散で戻って行く分を除いたものは、地面の中に浸透して地下水となる。いずれにしても地下水は長い時間かかって貯えられた水資源である。こうして地下に蓄えられた水の一部は、扇状地の末端で湧水として流出する。黒河の場合、張掖の町の北側を走る鉄道の線路の付近が扇状地末端にあたり、たくさんの湧水がわき出している。この辺りでは豊富な地下水を利用した水田（稲作）が古くから開かれており、節水政策の進んだ現在でも唯一水田が残っている。

図4は、黒河の上流から中流へと流れ込む地点である鶯落峡と、中流から下流へと流れ出る正義峡における流量の季節変化を示したものである。図は一九九〇年のものであるが、夏の灌漑が行われている期間は、正義峡には洪水時以外は水が流れておらず、ほとんどが灌漑用水に使われている。流量観測がはじまった一九五〇年当時の記録を見ても、夏の間の正義峡の流量は洪水時を除いてほとんど存在せず、古くからこうした水利用形態であったことがわかる。逆に灌漑を行わない冬の間は、上流の鶯落峡の流量よりも下流の正義峡の流量が大きくなる。このことは、夏の間に灌漑地に供給された水が、地下水帯を経由して冬に流出していることを示すとともに、地下水の形成に灌漑地に供給された水の寄与が大きいことを示している。

また中流と下流の間にも比較的固い岩盤を持つ山地があって、中流と下流の地下水はここで分断されているようである（Wang and Cheng, 1999）。従って中流から下流への水の流れは、黒河を流れる河川の水が主体である。

「金張掖」——光と影

黒河の中流域にある張掖地区は、古くからオアシス農業地域として発展してきており、その豊かな生産力のため「金張掖」と呼ばれていた。現在の張掖周辺の灌漑水路は、既に明から清の時代に現在の位置と同じ場所に存在していた（井上、二〇〇七）。その繁栄の歴史の原動力はどこにあったのだろうか。

図5は、タクラマカン沙漠の周辺に現存するオアシス都市と、かつてオアシスが存在していたことを示す遺跡との位置関係である。この図を見ると、現在のオアシス都市と遺跡とが、山岳地から流れ出す河川の上流と下流に位置することがわかる。つまり古い時代のオアシスは下流側にあって、かつては今よりも河川の水量が多かったことを示唆している。その後気候の変化などによって河川の流量が減少し、人々はより安定した水量を求めて上流へと移り住ん

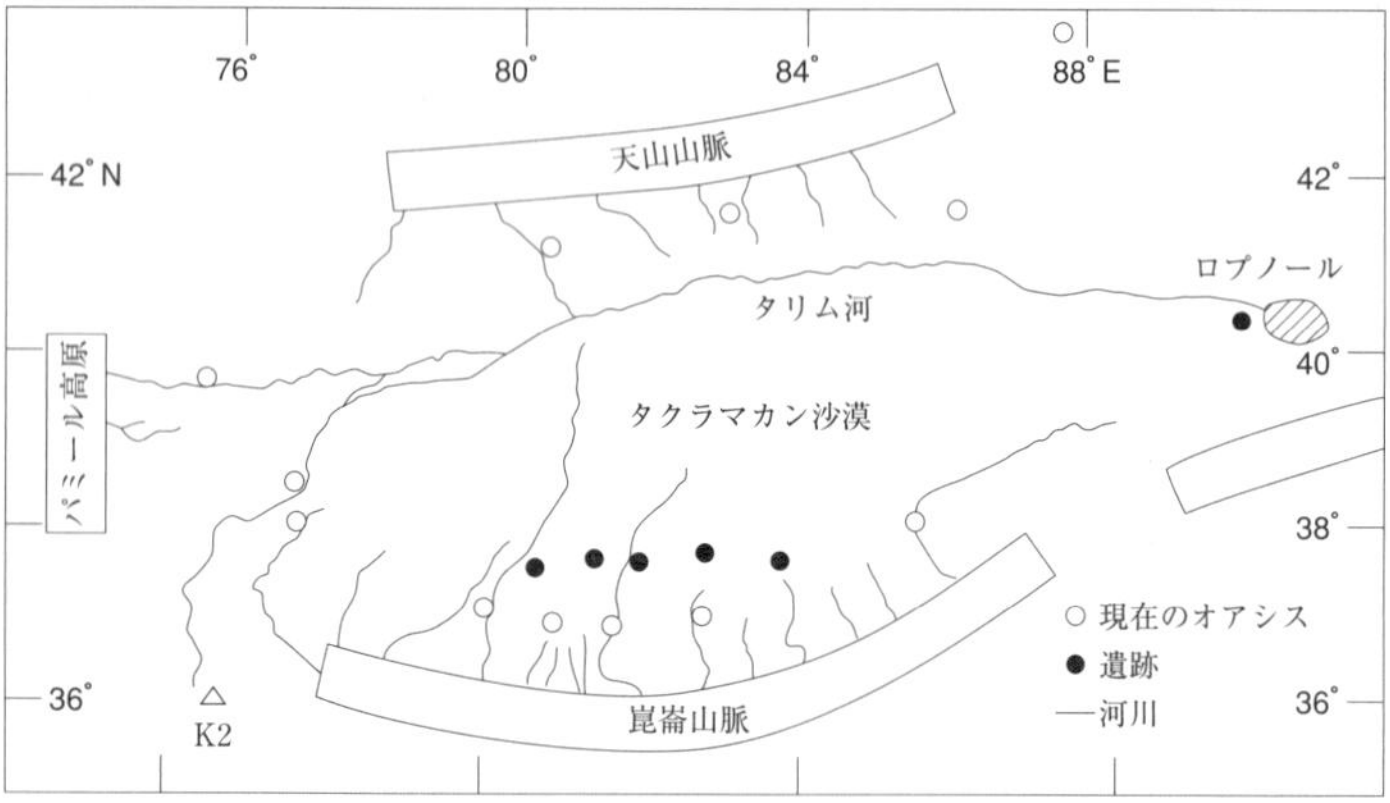

図5　タクラマカン沙漠における現在のオアシスと遺跡との位置関係

だと考えられる。また、一般に傾斜の緩いところでは地下水が高くなり、塩害が発生しやすい傾向がある。それも古いオアシス都市が放棄されたひとつの要因であった可能性もある。

それでは、張掖はこうしたオアシスと比べてどうだったのであろうか。既に述べたように、張掖の下流側、すなわち正義峡周辺は、地下水を通しにくい岩盤をもった山地が存在する。この山地は地下のダムのような役割を果たしており、中流の地下水が下流に流れ出て行くことを阻んでいると考えられる。つまり、扇状地の末端の張掖の北側から、臨澤や高台にかけての黒河周辺の低平地は、地下水のたまりやすい場所である。このため、扇状地の上部で灌漑した水の一部は当然大気中に蒸発して戻るが、残りは扇状地の末端で流出する。扇状地より下流の低平地では、この一度使われた水を再度利用して灌漑が行われていたのである。最終的に正義峡を通って下流へと出て行くまでに、黒河の水は何回か繰り返し利用されている。黒河の流量が安定していただけでなく、この繰り返し利用可能な構造が、張掖を支えたひとつの要因であったと考えられる。

また、低平地はどちらかと言えば塩分濃度が高くなりがちで、塩害が発生することも多い。これに対し傾斜の比較的急な扇状地の上部では、地下水位は地表からかなり深いところにあるため、塩害が起こりにくい。近代的な土木工事が行われる以前、すなわち遅くとも明から清の時代には、扇状地の上部にも水をひく施設を建設し、塩害の発生しにくい灌漑農地を広く開発できたことも、張掖オアシスの長い繁栄を支えた要因と言えるであろう。張掖は、水と土地というふたつの側面で有利な条件を持ったオアシスであったと考えられる。

ところが張掖オアシスの繁栄は、当然のことながら水利用の増加を招き、結果として下流へと流れる水量を減少させることになる。下流域でも紀元前後には、既に灌漑農地が作られていた（籾山、一九九九）。その後も元や西夏の時代の灌漑水路跡なども見つかっている（中尾、二〇〇六）。しかし、現在の灌漑水路の原型が作られた清の時代には、既に中流と下流との間で水争いが起きていたという（井上、二〇〇七）。つまり、かつてタクラマカン沙漠南縁のオアシスで、気候の変化によって生じた水不足が、黒河の下流で、しかもかなり早い時期から、人間活動の拡大の結果として起きていたと考えられる。

近年の河川水利用の実態

図6は、図4と同じく黒河が上流山岳地域より中流のオアシス地域へ流入する地点である鶯落峡と、中流オアシス地域の下端にあたる正義峡における、一九五四年以降現在までの年流量の長期的な変化を示している。

まず、オアシスへ上流の水源地域から流入してくる鶯落峡の流量を見てみると、おおよそ年間一六億トンで、年々の変動は大きいものの、長期的にみればほとんど変化していないか、やや増加する傾向にあることがわかる。近年の地球温暖化の影響で、黒河流域では気温が上昇しているが、降水量はほとんど変化していない（「コラム」黒河流域の気候と降水量の変化参照）。気温の上昇

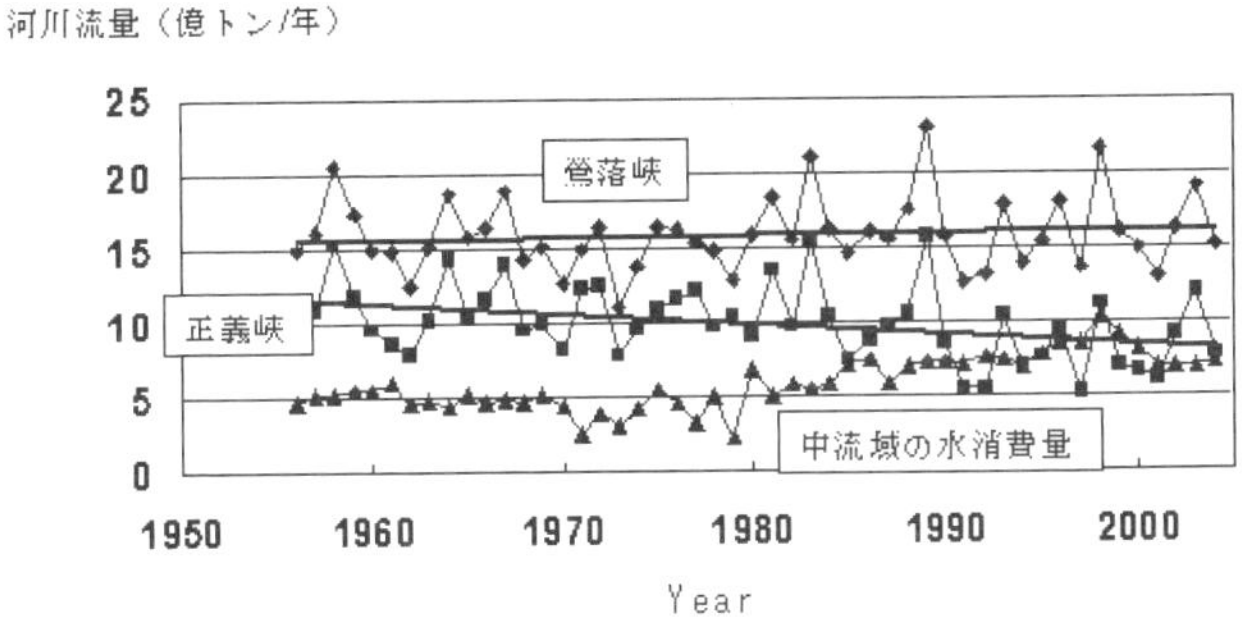

図６　鶯落峡、正義峡における年流量、中流域の水消費量の変化

は一般的に蒸発散量を増加させ、河川流量を減少させる方向に働く。黒河の場合、氷河の融解水の増加分などが蒸発散量の増加で減少した分を補って、結果的に上流域からの河川流量は大きく変動しなかったものと考えられる（「コラム」氷河の恩恵参照）。黒河での水不足の要因として、上流域における一九七〇年代から一九八〇年代にかけて盛んであった森林伐採（シンジルト、二〇〇五）や放牧の影響も挙げられていた。しかし、森林伐採は流域からの蒸発散量を減少させ、むしろ流量を増加させることはよく知られている（例えば窪田、二〇〇四）。また上流地域でも水源の保護を目的として、牧民に対する生態移民が行われている（中村、二〇〇五）が、上流からの流量は、生態移民が行われる以前からほとんど変化しないか、むしろやや増加する傾向にあり、近年の黒河の下流域の水不足の原因が、水源地域にはないことは明かであろう。

一方、鶯落峡と正義峡における河川流量の差は、張掖など中流オアシス域における灌漑による水消費の指標と見ることができる。正義峡の流量は、一九五〇年代には年間一〇億トン以上あったものが、一九九〇年代には八億トン程度、少ない年には六・五億トン程度にまで減少した。このため鶯落峡と正義峡における河川流量の差、すなわち水消費は、この間増加傾向にあり、特に一九七〇年以降その増加は顕著である。中流域における水消費の増加が、下流域における深刻な水不足を招いた主たる原因であることがわかる。

この間中流域では、人口は約二倍になり、灌漑面積は約三倍に増加した（Wang and Cheng, 1999）。こうした人間活動の増大、農業開発が水消費を増大させたのである。様々な農地における水消費を測定するとともに、この間の土地利用、特に農作物の作付面積の変遷から中流の水消費量を分析した山﨑ほか（二〇〇七）は、一九七〇年代から一九八〇年代にかけては、トウモロコシの導入、およびトウモロコシと小麦の混作の面積の増加が、水消費の増加の主要な原因であったとしている。さらに一九九〇年代以降については、都市周辺の野菜や様々な換金作物への転換がむしろ水消費を増加させたと指摘している。

増加する地下水の利用

黒河の中流オアシス地域では、豊富な河川水を利用した灌漑がほとんどであった。ところが、水需要が逼迫してくる一九八〇年代後半以降、地下水利用が急激に増加し、現在では灌漑用水量

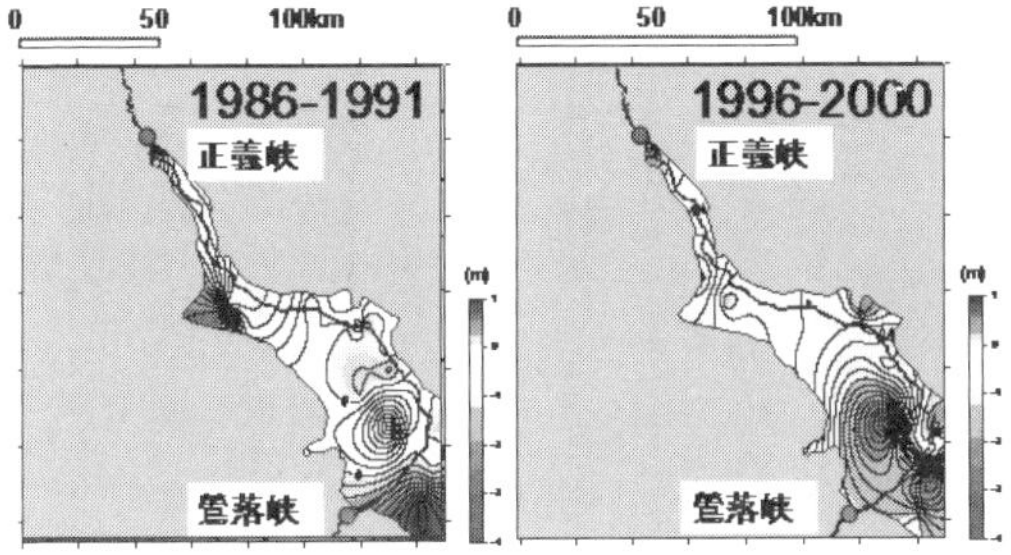

図７　中流域における地下水利用の少なかった時期(1986-1991)と多くなった時期の地下水位変化量の比較

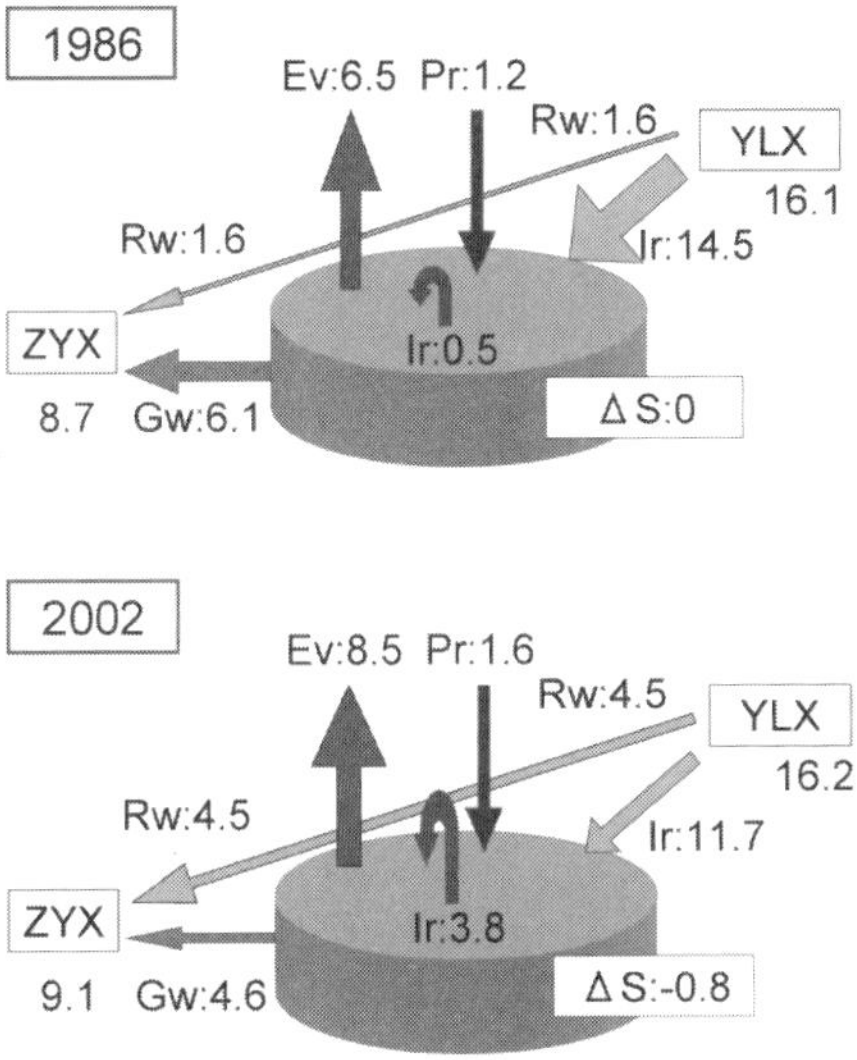

図８　中流域における地下水利用の少なかった年（1986）と多くなった年（2002）の水収支の比較（YLX:鶯落峡、ZYX:正義峡、Rw:河川流量、Ir:灌漑水量、Pr：降水量、Ev：蒸発散量、Gw：地下水湧出量、ΔS：地下水変化量、単位は億トン）

の約四分の一を占めるようになっている（「黒河流域における水利用」の章参照）。これは、動力ポンプの普及によって地下水利用が容易になったことのほか、中流の水需要が増加し、結果的に下流の水不足が深刻化する中で、政府が地下水利用を推進したことも影響していると考えられる。地下水位の低下は、特に野菜等の栽培が増加し地下水の利用が盛んな扇状地の下部において、一九九〇年以降年に一メートル近い急激な低下となった（図7）。

既に述べたように、中流の地下水は、中流下部の低平地の水源であるばかりでなく、下流域へと流れる河川水の水源でもある。図8に地下水利用が増大する以前の一九八六年と、地下水利用が増加し、現在の節水政策が開始された直後の二〇〇二年の中流域の水の出入りを模式的に示した。ふたつの年を比較すると、上流域から中流域へと流入してくる河川水の水量はほぼ変わらないが、灌漑水として使われている河川水の量は減少し、その分の水は下流へ直接流されるようになっている。河川水利用が減少した分は地下水をくみあげて補われており、実際に灌漑水として供給されている総量はあまり変化していない。ところがこの間、灌漑水の利用効率が上がった結果、蒸発して大気に戻る量が増えている。地下水利用が増加したため、地下水位が低下して地下の水の量は減少し、その結果、下流へと流れる水の量のうち、地下水を起源とする水は減少したのである。つまり、下流へと流される水は、実際には上流域からもたらされる河川水であるが、収支として考えた場合、中流域の地下水資源を減らしながら下流への水が確保されていることがわかる。二〇〇一年以降に推し進められた節水政策によって、末端湖はその水量を回復した。しかし、その水は実は中流域の地下水を減らしたことによって、もたらされたと言うことができよう。

下流域の水不足

これまで中流域での水利用の実態とその変遷を明らかにしてきた。ではその上で下流域の水不足がどのような変遷をたどったか、もう少し詳しく見てみよう。

図9は、中流域から下流域への正義峡における流量の一九五〇年代からの変化を、灌漑期（四～九月）と非灌漑期（十月～三月）にわけて示したものである。これを見ると、非灌漑期には中流域から下流域へほぼ一定の安定した流量が供給されているのに対し、灌漑期の流量は年によって大きく変動している。特に一九九〇年代には、灌漑期の流量が大きく減少し、ほとんど流量の無い年も多い。これが一九九〇年代に入って顕著になった胡楊林の衰退や、最終的に末端湖

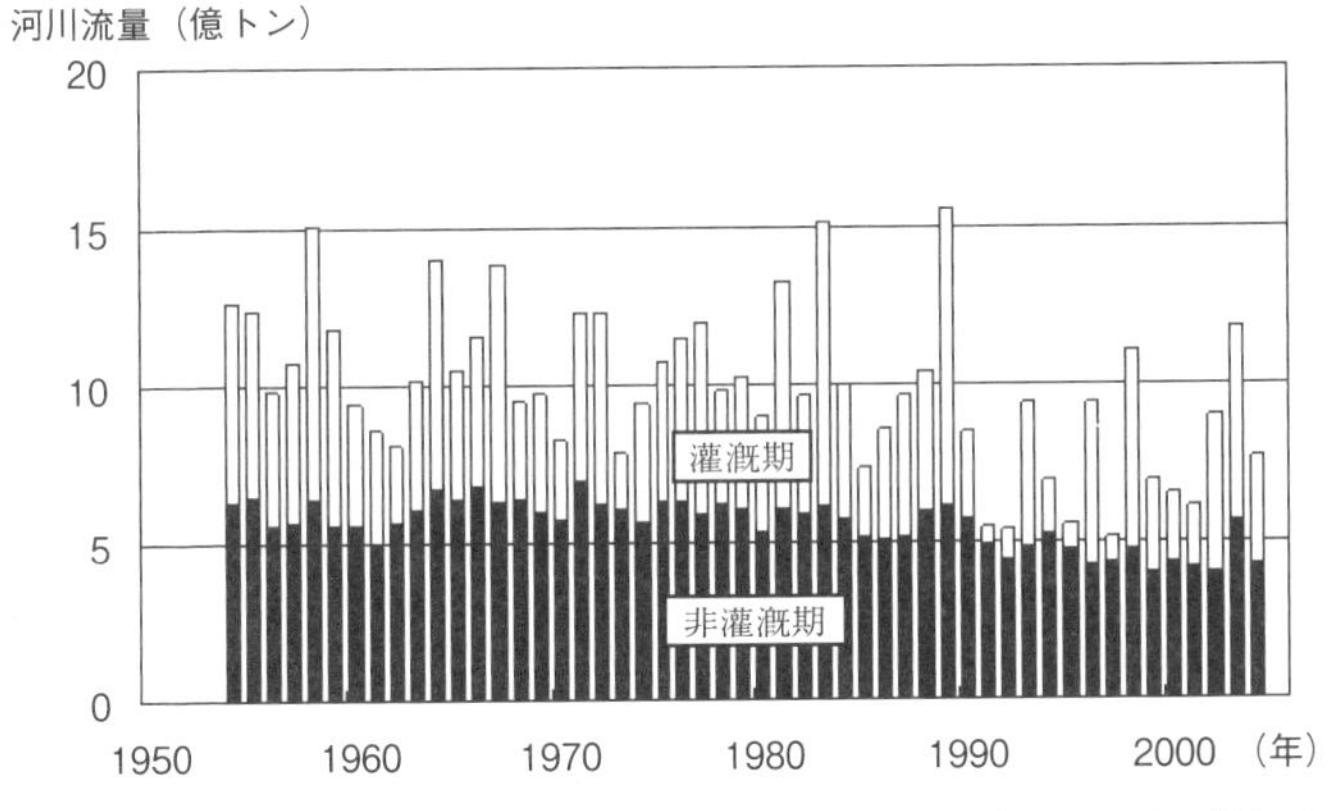

図9　正義峡から下流域へ流入する灌漑期、非灌漑期の流量の経年変化

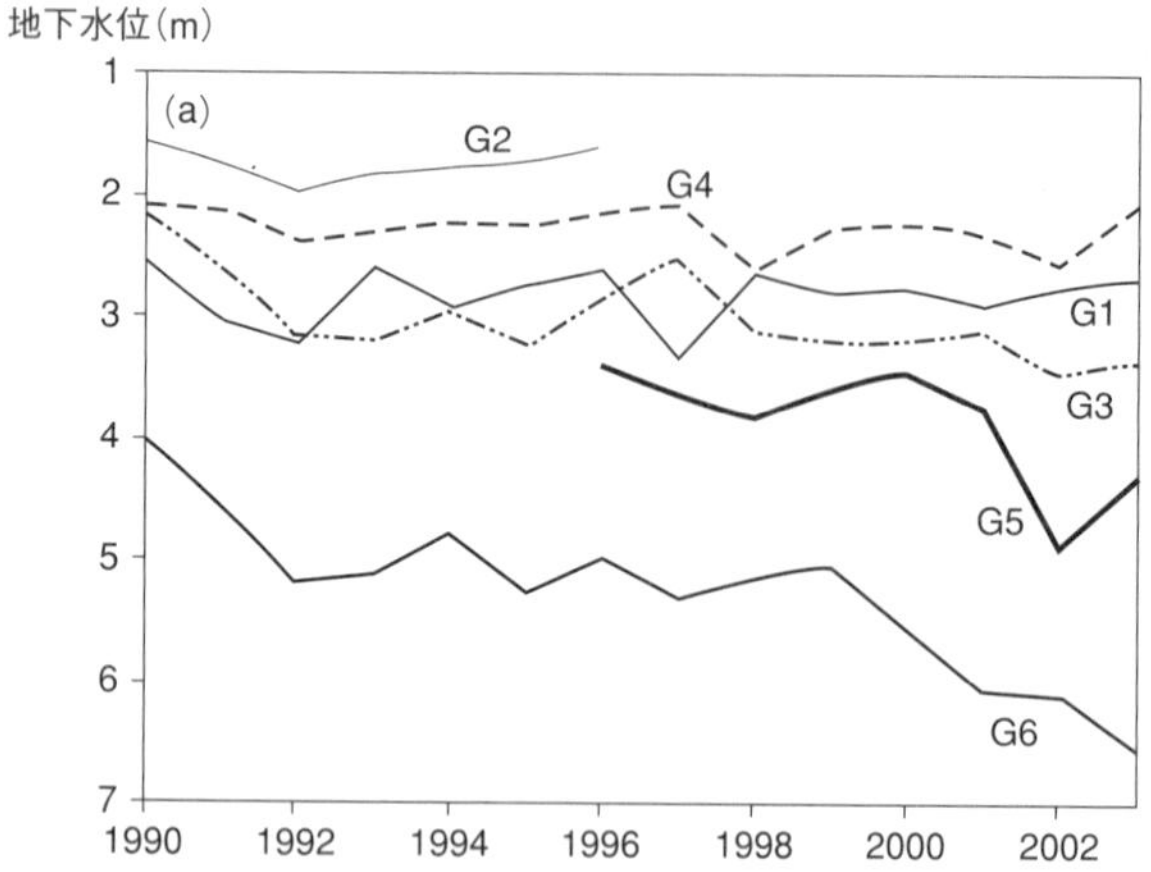

図10　下流域の1990年以降の地下水位（地表面から地下水面までの距離）の変化。地点のナンバーが大きくなるほど下流になる

が干上がる直接的な原因となったことは間違いない。図10は一九八〇年代以降の下流域の地下水位（年平均値）の変化であるが、特に夏の洪水などの大流量がなければ河川水が届かない最下流部で、一九九〇年代に地下水の減少が顕著であることは、上記の推論を裏付ける。

それでは、先に述べた一九五〇年代から六〇年代にかけてガションーノールが消滅し、湖水面積が大きく減少した点はどう説明されるのだろうか。正義峡の流量を見る限り、一九六〇年代後半から一九七〇年代にかけて流量の少ない年もあるが、大きな変化は認められない。ここで考えられる可能性は、西側から黒河に合流していた北大河の断流である。北大河では、一九四九年に黒河流域としては初めて酒泉の下流にある金塔に貯水用のダムが築かれ、それ以降いわゆる大躍進の時代に灌漑農地が開発された。北大河からは、一九三〇年代には年間九億トンの流量が黒河に流れ込んでいた（Wang and Cheng, 1999）。一九五〇年代の正義峡の流量（年間約一〇億トン）に匹敵する流量である。北大河の水がいつ黒河に到達しなくなったのか、残念ながら確たる資料が見つかっていないが、その影響は大きかったであろう。

正義峡の下流にある鼎新、およびエゼネでも大躍進の際に新たな農地が開発されているが、面積を考えるとその影響は限定的であったと思われる。一九五八年にはエゼネの行政施設が、西の河の近くのサイハントーロイから現在のエゼネの中心へと移された。このため、西の河の流量を東の河へと導くような施策が行われたと聞く。北大河からの流入がなくなって大きく減少した下流域の水を、行政府のある東の河へと集中させたのであろう。北大河の流量の減少、断流、そして東の河への転流が、西の河とその末端のガショーンノールを干上がらせ、湖水面積を大きく減少させることとなったのではなかろうか。この時点で下流域の水不足は深刻な問題となりはじめたであろう。そして、さらに張掖周辺の農業開発による黒河本流の流量の減少が進行し、最終的には一九九〇年代の灌漑期の極端な流量の減少が大きなダメージとなって、植生の衰退、リゴノールの消滅などがおきたのである。

節水政策の影響

このように一九五〇年代以降進行した黒河下流域の水不足は、特に一九九〇年代にはいって一段と深刻なものになった。このため中国政府は二〇〇一年から五年間の国家プロジェクトとして、下流への配分を段階的に増やす中流・下流の水の分配に関するルールを定め、節水と取り組むことになった。その取り組みの詳細や経緯に関しては「黒河流域における水利用」の章で述べられるが、ここでは簡単にその影響を、これまでの流れの中で議論しておく。

節水政策として、中流域では換金作物や水の消費が少ない作物への転換、水路の改修による送水効率の改善、河川水から地下水への水源の転換などが行われた。もっとも主要なものは中流域の水の使用量を減らし、水源を河川水から地下水へと転換することであった。しかし実際には中流域における水の使用量そのものを大きく減らすことは難しく、河川からの取水を減らす代わりに地下水利用への依存度をあげる結果となった。既に一九九〇年代に低下の始まった中流域の地下水は、この施策によってさらに水位低下が加速することが懸念される。また図8によれば、非灌漑期の中流から下流への流量、すなわち地下水から湧出する水量は、一九九〇年代以降減少傾向にあり、節水政策が開始された二〇〇一年以降も同様な傾向にある。地下水位低下の二次的な影響として無視できない可能性もある。

また水不足によって植生の衰退や末端湖の消滅が起きた下流域や、水源である上流域では、草原の保護を目的とした生態移民政策が二〇〇〇年以降実施されている。既に見てきたように下流域での植生の衰退も、遊牧の影響というよりは、中流域での水利用の増大による下流域の水不足が原因である。従って水資源の面から見れば、生態移民政策で行われる遊牧から畜舎飼いへの転換、およびそのための飼料生産、あるいは農業へ生業の転換は、むしろ逆の効果を生む危険性をはらんでいる。

さらに下流域では、送水効率を上げて末端湖を復活させることを目的として、元々の自然な河道に平行してコンクリート製の水路が建設された。これは河畔域の地下水の低下、河畔植生の衰退など新たな問題を引き起こす可能性もある。

おわりに

本来地下水・湧水が豊富な中流域の扇状地下部で、深刻な地下水位の低下が生じていることは、長年オアシス灌漑農業の適地として栄えてきた黒河中流域の水環境に、重大な危機が訪れようとしていることを意味している。また上流域からの水の供給を安定させる役割を果たしてきた氷河からの流出も、氷河の縮小が続く中、その将来が危ぶまれる。

水環境に限らず乾燥・半乾燥地域の生態環境は微妙なバランスの上に成立している。従来人々は、生態環境に対する負荷を移動という手段で軽減する遊牧という生業形態で、その生態環境との共存を果たしてきた。近年の人間活動の増大によってその関係は大きく変貌し、様々な環境問題が生じた。さらに環境問題への対策（政策）は、末端湖が復活し下流域での植生の回復など効果を上げている部分もあるが、一方で中流域での地下水の低下のように、新たな問題を生じさせ、いわば負のスパイラルに陥ってしまっているとも言える。

黒河は、ある意味で中央ユーラシアの河川の近年の変容を示す典型的な例である。あまりにも有名なアラル海や、黒河で起きたことは、中央ユーラシアの様々な地域で今何を考えねばならないかを、私たちに気づかせてくれているのではないか。

参考文献

井上充幸、二〇〇七、「清朝雍正年間における黒河の断流と黒河均水制度について」（井上元幸・加藤雄三・森谷一樹編、『オアシス地域史論叢──黒河流域二〇〇〇年の点描』一七三～一九一頁）
窪田順平、二〇〇四、「森林と水──神話と現実」（『科学』、岩波書店、七四-三、三一一～三一六頁）
シンジルト、二〇〇五、「「生態移民」をめぐる住民の自然認識」（小長谷有紀・シンジルト・中尾正義編、『中国の環境政策　生態移民』昭和堂、二四六～二六九頁）
中尾正義、二〇〇四、「水資源としての山」（『山の世界』岩波書店、二五～一二四頁）
中尾正義、二〇〇六、「オアシスの盛衰と現代の水問題」（日高敏隆・中尾正義編、『シルクロードの水と緑はどこへ消えたか?』昭和堂、七四～一一八頁）
中村知子、二〇〇五、「「生態移民政策」にかかわる当事者の認識差異」（小長谷有紀・シンジルト・中尾正義編、『中国の環境政策　生態移民』昭和堂、二七〇～二八七頁）
籾山明、一九九九、『漢帝国と辺境社会──長城の風景』（中公新書）中央公論新社
山崎祐介・窪田順平・陳菁・中尾正義、二〇〇七、「黒河中流域の灌漑農地開発に伴う水収支の変化」（沈衛栄他編、『カラホトの環境と歴史に関する国際シンポジウム論文集』（印刷中））
Wang G., Cheng G., 1999. *Water resource development and its influence on the environment in arid areas of China: The case of the Hei River basin*. Journal of Arid Environments 43: 121-131.

〔コラム〕黒河流域の気候と降水量の変化

谷田貝亜紀代

黒河流域の気候

黒河は、ユーラシア大陸のほぼ中央部を流れる河川である。図1に示すように黒河は、東経一〇〇度、北緯四〇度付近に位置し、北極海、大西洋、太平洋、インド洋など、東西南北方向とも海から遠く隔てられたところを流れている。もっとも近い海岸（中国渤海付近）からでさえ、一、〇〇〇キロ程度も離れている。このように大洋から遠く離れた乾燥地域に河が流れているということは、どこかから水蒸気や雲がきて雨が降ったことを意味する。いま河に流れている水は、少し前に少し上流で降った雨かもしれないし、数千年前に降った雪が氷河となっていたものや半年前に降り積もった雪から融けた水も混じっている。

よく知られているケッペンによる気候区分では、黒河の上流地域は最暖月平均気温が摂氏零度以上一〇度未満で夏の間だけコケなどの地衣類が生育するツンドラ気候（ＥＴ）、中下流域のほとんどは砂漠気候（ＢＷ）に分類される。大陸の内陸に位置し、乾燥しているために、日本と比

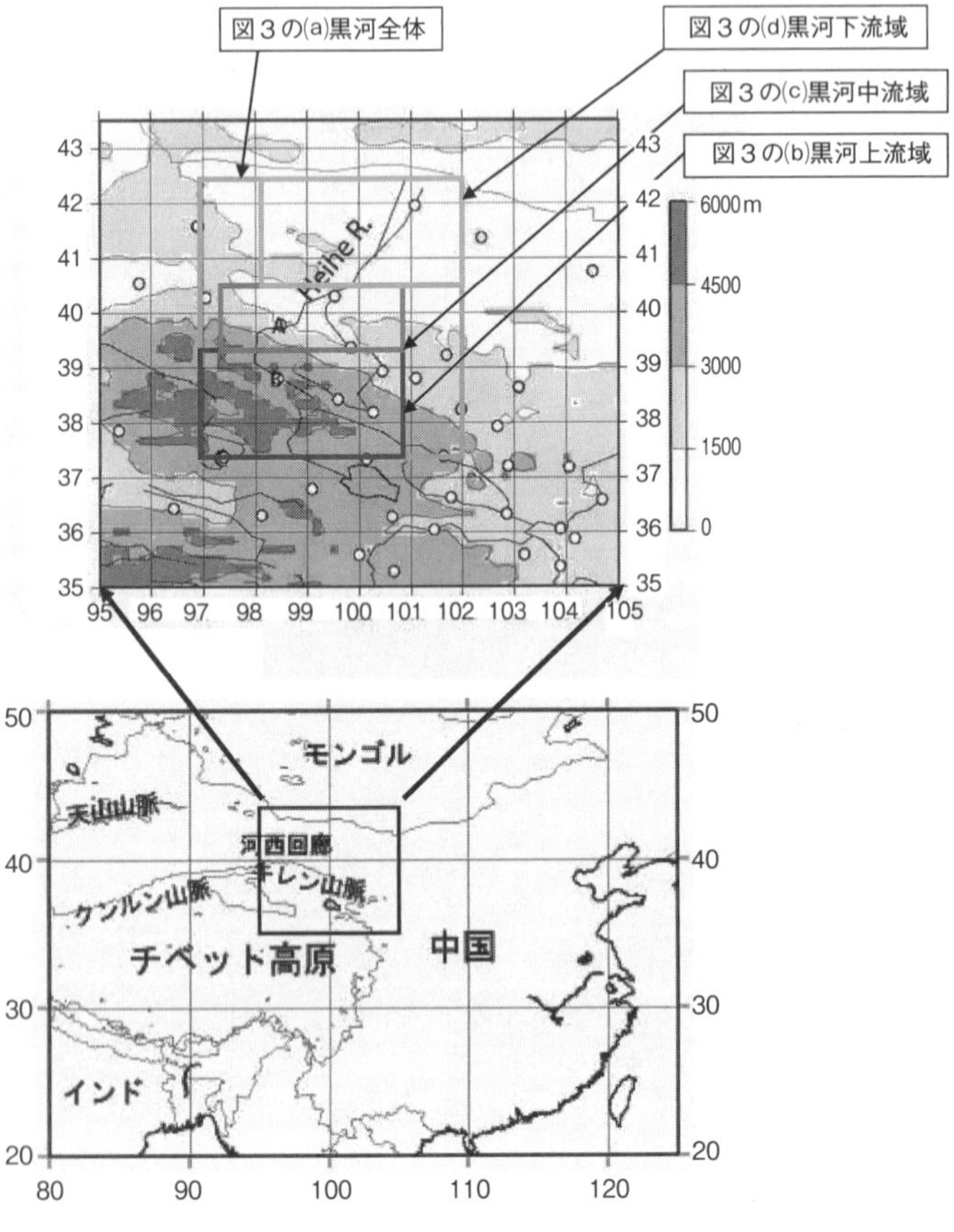

図１　黒河流域の地形と位置

べると気温の日較差（昼と夜～明方の温度差）が非常に大きい。また急峻な祁連山脈と中流の張掖付近では二、〇〇〇メートル以上の標高差があるため、山谷風（午後平地から山の方へ風が吹き上げ、夜間から午前の早い時間には山から静かに風が吹き下りてくる）が卓越する。

この流域では、水さえあれば植物は活動をはじめる。百年前から数千年前といった時代においては、黒河流域は植生が繁茂し、地域・時代によってはジャングルのようであったという報告もある。

Yatagai and Yasunari（一九九四）によれば、一九五一年から一九九〇年までの四〇年間、とくに冬季に黒河流域（中下流域）は気温が上昇している。降水量は地域性が強く、また単純増加・減少することは少ないが、Yatagai and Yasunari（一九九四、一九九五）では、黒河中下流域は一九五一年から一九九〇年までわずかな増加傾向があったことが報告されている。

氷河に端を発する内陸河川地域の自然環境の変化については、気候が温暖化していくとき氷河は縮小して河川流量が増え、気候が寒冷化していくときには氷河は拡大して河川流量は減るといわれている。しかし、気候変動によって降水量がどう変わるかという点にも注意を払う必要がある。また、二〇～五〇年程度の期間の気候変化を考える場合、次第に気温があがっているといった長期傾向（トレンド）による数十年前と今年との差よりは、去年と今年の差といった二、三年程度の周期的な触れ幅のほうが大きいことが多い。

ここでは、最新の降水量データセットを使って黒河流域の最近四二年間（一九六一～二〇〇二）

の降水量の変動傾向を見てみることにしよう。

降水量の分布

図2は、黒河周辺の夏季（六～八月）の降水量分布と、平均的な水蒸気輸送場である。この地域では降水は主に夏季に生じるので、ここでは夏季の降水量変動を中心に見ていくことにする。図2上の水蒸気輸送図が示すように、黒河流域には、全体的には西のほうから水蒸気が輸送されている。平均的に見れば、黒河上流域にはチベット高原上を西から、中・下流域は北西もしくは西から水蒸気がきている。図中の灰色部分は、水蒸気の収束域で、降水量が蒸発散量よりも多いことを示す。黒河中流域では蒸発量よりも降水量が多いことがわかる。

この夏季降水量の分布図（図2下）を見ると、張掖、酒泉など河西回廊に相当する黒河中流域ではその北側より降水量が多くなっている。これは、北西方向からやってくる気団がチベット高原北部の急な斜面にぶつかって強制上昇させられて冷えることにより水蒸気が凝結するためである。チベット高原北縁のうち、黒河流域の西側の東経九四度、北緯三九・五度あたりは、図2の水蒸気輸送図でわかるように、天山山脈の北もしくは北西から強い風がふきつけるところであり、風力発電なども行われている。

図2上図で対象地域の東側を見ると、中国の平野部を南から北へと向かう水蒸気の流れがある。これがモンスーンによる水蒸気輸送で、この南からの水蒸気の流れが黒河流域やその西のタクラ

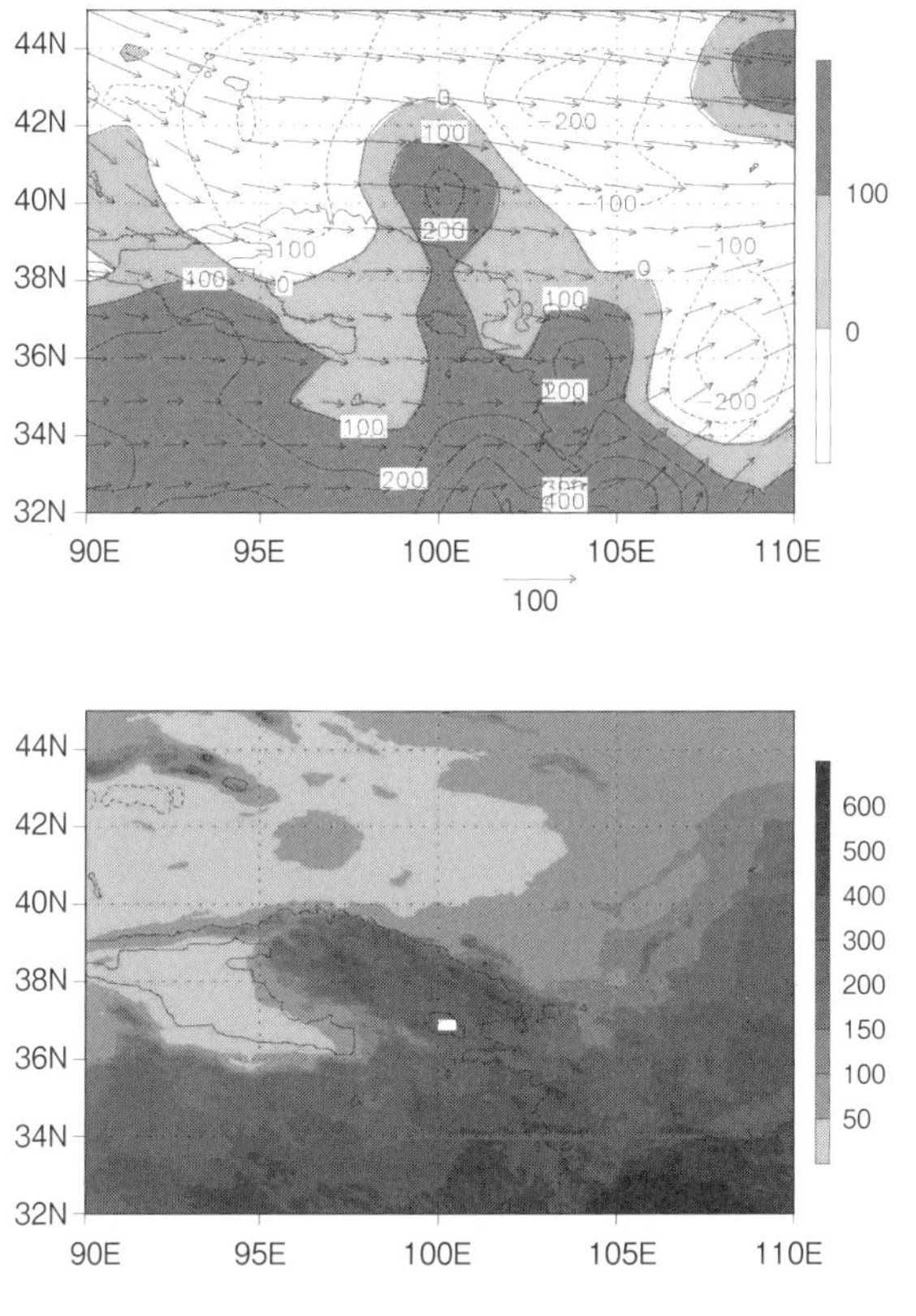

図2　上図：夏（6～8月）の水蒸気フラックス（kg/m·s）とその収束量（kg/㎡·92days）（1978～2000年の平均）。陰影域は水蒸気収束域（降水量＞蒸発量）をあらわす。下図：東アジアの雨量計に基づく降水データセット（Xie et al., 2006）の気候値データから、夏6～8月の降水量（㎜）。実線は3000-mの等高度線によりチベット高原の形状を示したもの。比較のため、縦軸は同じ目盛を使用している。

マカン砂漠、黒河の北のモンゴルまで雨を降らせることがある。

このように黒河流域は、夏季には水蒸気輸送の点で北西、チベット高原上、モンスーン気流の三種類がそのときの気圧配置によってぶつかり合う複雑な場所である。

降水量の変化

図3は、図1に示す四つの枠内（a)黒河全体、(b)黒河上流、(c)黒河中流、(d)黒河下流）で面積平均した降水量の一九六一～二〇〇二年のグラフで、それぞれ実線は年間降水量、破線は夏季（六～八月）の降水量である。上流地域の降水量は中・下流域の数倍の値となっている。どの地域も、夏季降水量が年間降水量のほとんどを占めることがわかる。また、黒河の河川水の涵養源である上流域の降水量は特に、この四二年の間に増加してきている。

図3に示した四枚のグラフとも、四二年間の降水量の変動には二、三年ごとに降水の多い年少ない年があらわれていることを示している。また、上流、中流、下流のそれぞれで、降水量の多い年と少ない年とが同じとは限らない。この年々変動には、少なくとも熱帯や、極地域の気候の振動が影響している。つまり、黒河地域の夏の降水量の年々変動にはテレコネクションといわれる遠隔地域からの力学的影響がある。この地域は、先にのべた水蒸気がどこからくるか（主な三つのルート）という点でも複雑な地域であるが、また力学的にも北側の偏西風のシステムと南側のモンスーンやエルニーニョといった熱帯・亜熱帯循環の影響を受ける。

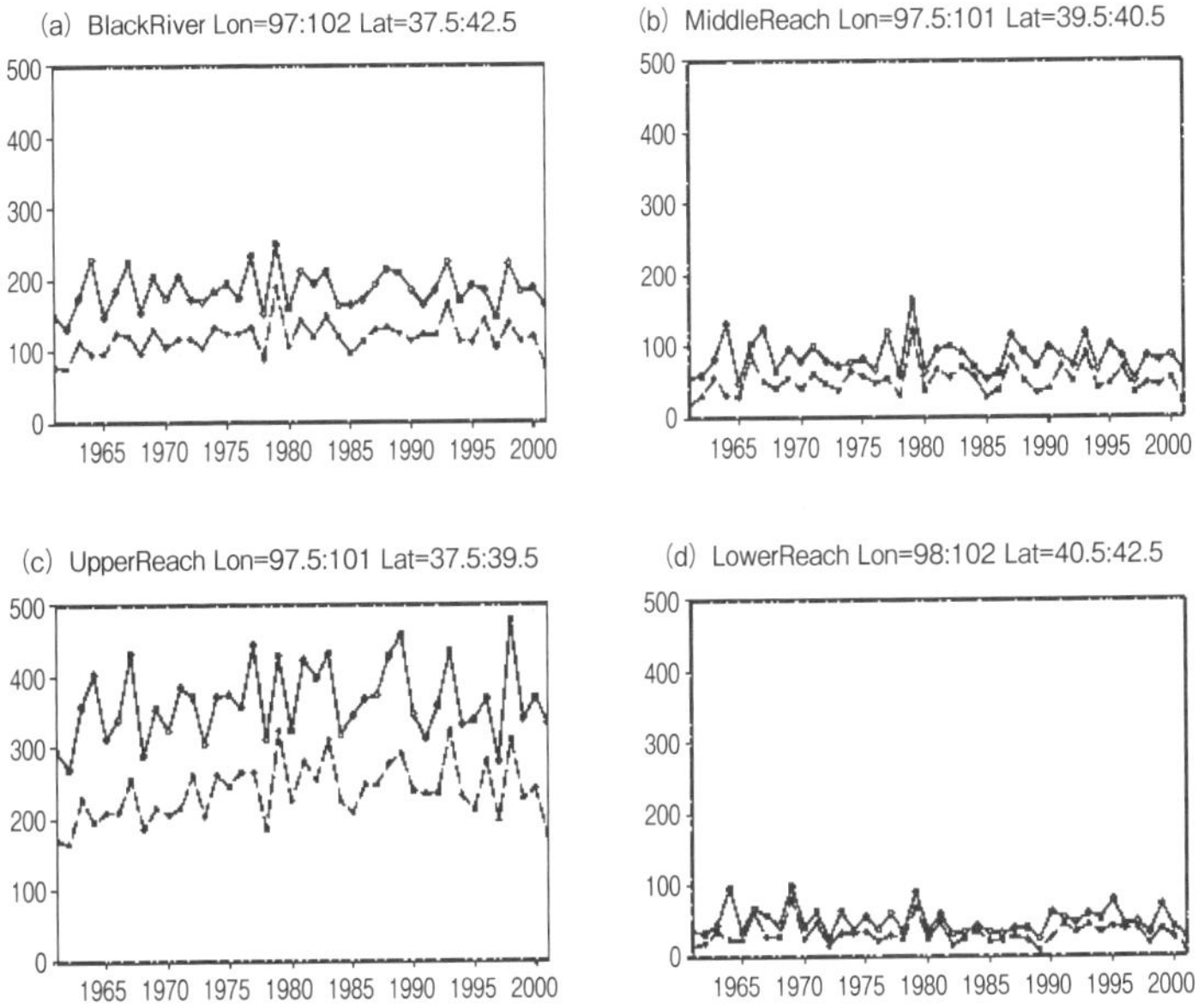

図3　図1に示した四角内で平均した降水量。(a) 黒河全体、(b) 上流（チベット高原部分）、(c) 中流、(d) 下流。それぞれ実線は年降水量、破線は夏季（6～8月）降水量をあらわす（単位はmm）。

祁連山脈付近の雨の降り方について、もうすこし注意深く見てみることにする。図3のグラフから、どの地域も同様に降水量が多いとき、少ないときもあれば、雨の多い少ないというピークが、地域によって異なることもある。気候変動のシグナルの影響をみるという点では、地勢的な上・中・下流域というわけ方は適していないかもしれない。そこで、もともとの観測地点のデータに立ち返り、祁連山脈の北側および南側の地点の時系列が、祁連山脈の麓の黒河の中流域に位置する酒泉の時系列とどの程度似ているか、少し見てみよう。

図4は、図1に示したA、B、Cという文字で示した地点の夏季降水量の年々変動を示す時系列である。ここでは、三地点の時系列の縦軸の目盛は、それぞれ異なっている。一見して、それぞれのグラフが示す強いピークは一致していない。降水量が多い年のピークは、一九七九、一九八九、一九九七年、少ないピークは一九九一年などには一致してみられるが、三地点の時系列はそれほど同期していないように見える。黒河の上流にあたるB地点（Tulai, 托勒）のグラフの変動性が、その北側のA地点（酒泉）と祁連山脈を隔てた南側のC地点（徳令哈）とどちらに似ているか、一見しただけでは、答は得られない。

また、この限られた一九七八〜一九九七年の二〇年間のグラフではA地点B地点は全体として降水量が減る傾向にあり、C地点は上昇しているという見方もできるし、一九八九〜一九九〇年にいったん急激に増加するが、それ以前も以降もゆるやかに減少しているという見方もできる。これらの点から、また雨が増えている・減っているというトレンドは、対象期間によって

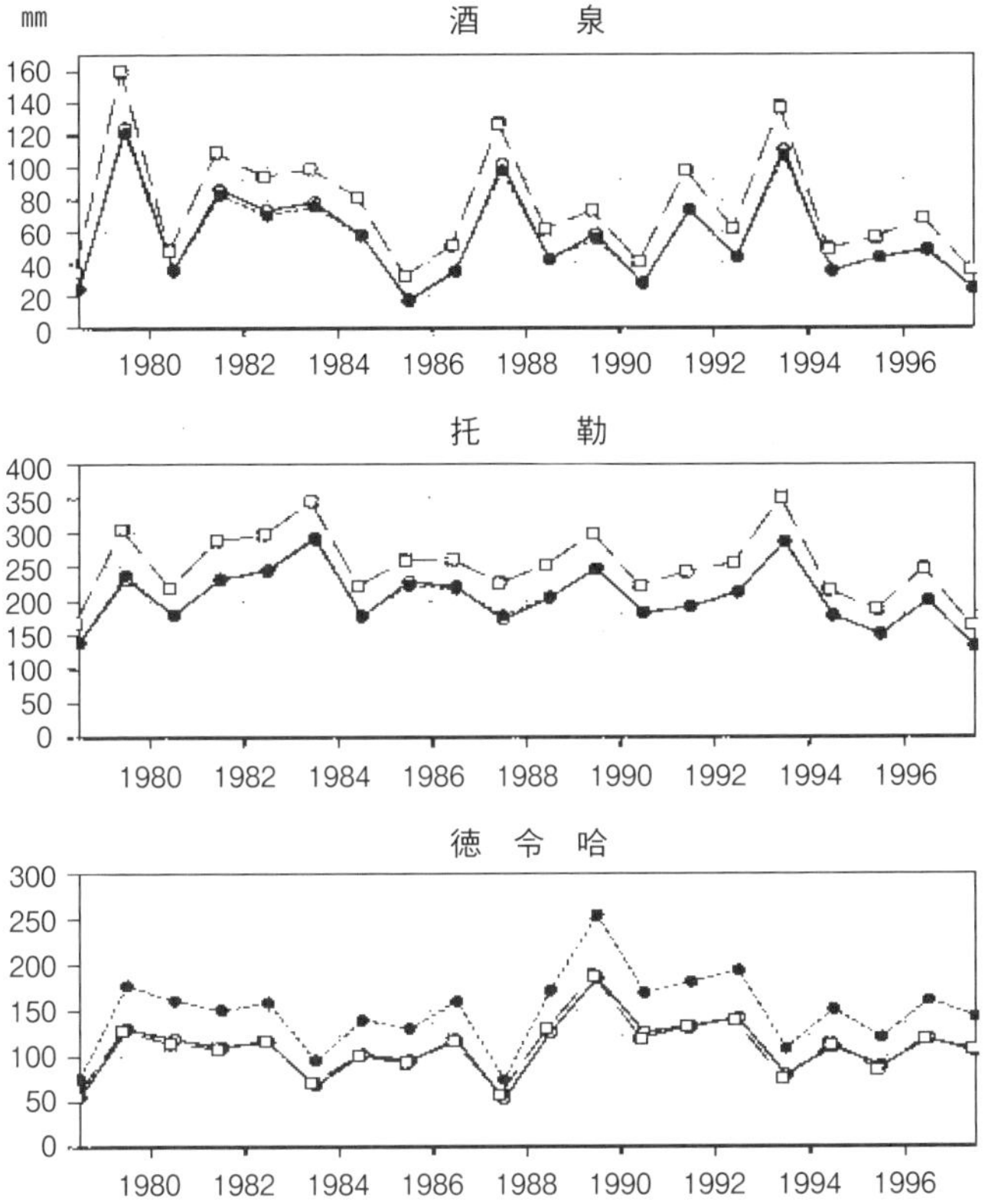

図4　図1の“A”, “B”, and “C”で示した地点の夏季（6～8月）降水量の経年変動（1979～1997年）。白丸と実線で表したグラフは、もとの点のもの。黒丸と点線で表したグラフは、0.1度に内挿したとき、白四角と破線で表したグラフは0.5度に内挿したときの、各観測点から最寄の格子点の値。3地点のグラフの縦軸の目盛はそれぞれ異なる。

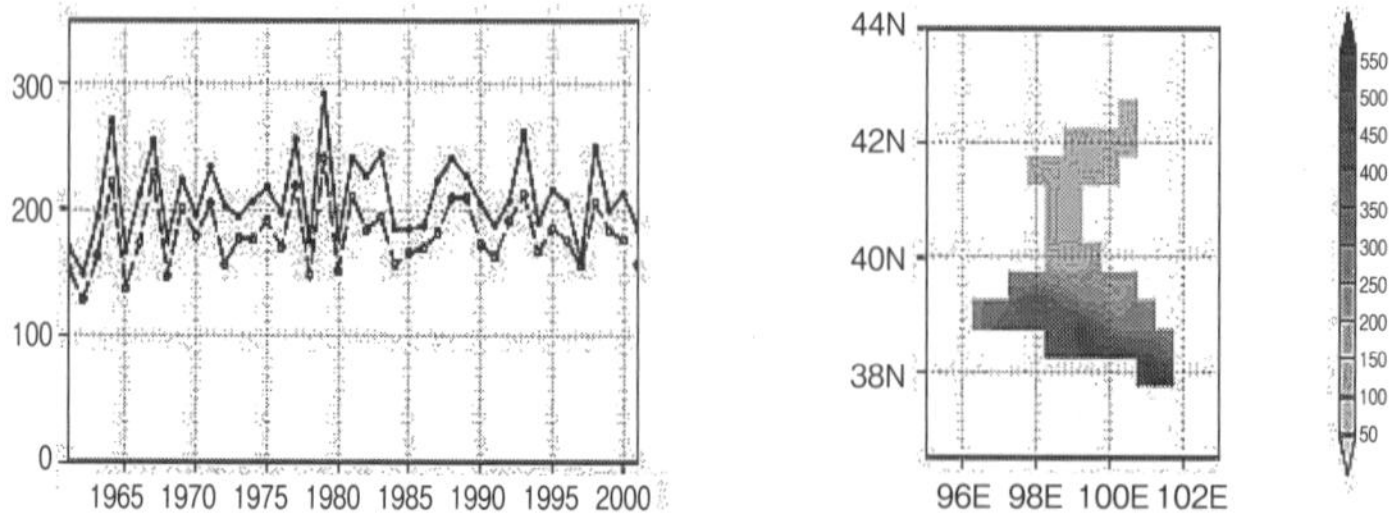

図５　左図は黒河流域年降水量平均値（mm/year）、実線が黒河流域平均年降水量。破線は図３左上の降水量グラフ。**右図は左図の黒河流域降水量を計算した範囲**

異なるし、図4に示したように二、三年の振動のほうが大きいということに注意するべきであろう。

一方、後に続く議論のために、一九六一年から二〇〇一年までの期間で、黒河の流域全体に降った総降水量のグラフを図5に実線で示しておこう（図3左上の年降水量のグラフを図5に破線で示す）。図3左上の大まかなグラフと傾向はほぼ同じで、流域平均をとる場合は山岳部が多いため、平均量としては増える。また山岳部での降水量が多いために、上流域の降水量の変動傾向が、流域平均のグラフには強く現れている。しかし、図5実線のグラフからは、統計的に有意な降水量の増加・減少傾向は見られない。

参考文献

Xie, P., A. Yatagai, M. Chen, T. Hayasaka, Y. Fukushima, C. Liu and S. Yang（2007）A Gauge-Based Analysis of Daily Precipitation over East Asia. *J. Hydrometeor* (in press).

Yatagai, A. and T. Yasunari（1994）: Trends and decadal-scale fluctuations of surface air temperature and precipitation over China and Mongolia during the recent 40 year period（1951-1990）. *J. Meteor. Soc. Japan*, 72, 937-957.

Yatagai, A. and Yasunari, T.（1995）: Interannual variations of summer precipitation in the arid/semi-arid regions in China and Mongolia: Their regionality and relation to the Asian summer monsoon, *J. Meteor. Soc. Japan*, 73, 909-923.

［コラム］氷河の恩恵

坂井亜規子

氷河からの融け水

黒河流域を東西に横切る河西回路沿いにオアシス都市、酒泉がある。酒泉には街の中心に有名な鐘鼓楼《しょうころう》がある。楼の四方それぞれに門があり、門には額が掲げてある。南は「南望祁連」（南は祁連を望む）北には「北通沙漠」（北は沙漠に通ず）とあり、オアシス都市である酒泉が山脈と砂漠に挟まれているという、黒河流域の地形をよく表している。

黒河流域の北部にあたる下流部は広大なゴビ沙漠であり、年間降水量がわずか五〇ミリ以下であるのに対し、黒河流域南部の上流部にあたる鶯落峡流域は標高が三〇〇〇メートル以上の高地が九〇パーセント以上を占め、雨や雪が年間三〇〇ミリ以上も降る。下流部の沙漠の面積は広大だが、乾燥した大地に降る雨は降った後に大半は蒸発して大気中に戻ってしまうため地元の住民が生活用水として使うことのできる地下水や河川水となることはほとんど無い。そのため山岳域における降水が下流の河西回路沿いや沙漠で農耕や牧畜などを営む住民の生活を支える重要な水資源となっている。

「河西の甘州府、涼州府、安西州、粛州（酒泉）の管轄地は多く水田を有しているが、全て祁連山の融雪水によって灌漑している」（加藤雄三訳）。これは台湾故宮博物院軍機処档9892「甘属得雨並鞏属祈雨情形」（乾隆二十七年五月十三日具奏）にある西暦一七六二年に書かれた記述である。オアシス都市に住む人々は南に連なる山々のいだく雪や氷河を眺め、山岳地域に積もる雪や氷の融け水のお陰で農耕や牧畜を営むことができたことを実感としてよく認識していたことがわかる。

気温と降水量の変化

さて最近の数十年間、山手からオアシス都市に入ってきた水の量は、そして氷河からの融け水はどのように変動してきたのだろうか？　黒河流域の南部の山脈地域にあたる鶯落峡流域の観測結果を見てみよう。窪田の図6は一九七〇年から鶯落峡で観測されてきた流出量の観測値である。年々の変動はあるが、年とともに少しずつ増加していることがわかる。この流量増加の原因はなんだろうか。

鶯落峡流域は九八パーセント以上が森林や草地で、氷河が占める面積はわずか約一パーセントにすぎない。そこでまず鶯落峡流域のほとんどを占める草地や森林からの流出変動を気温と降水

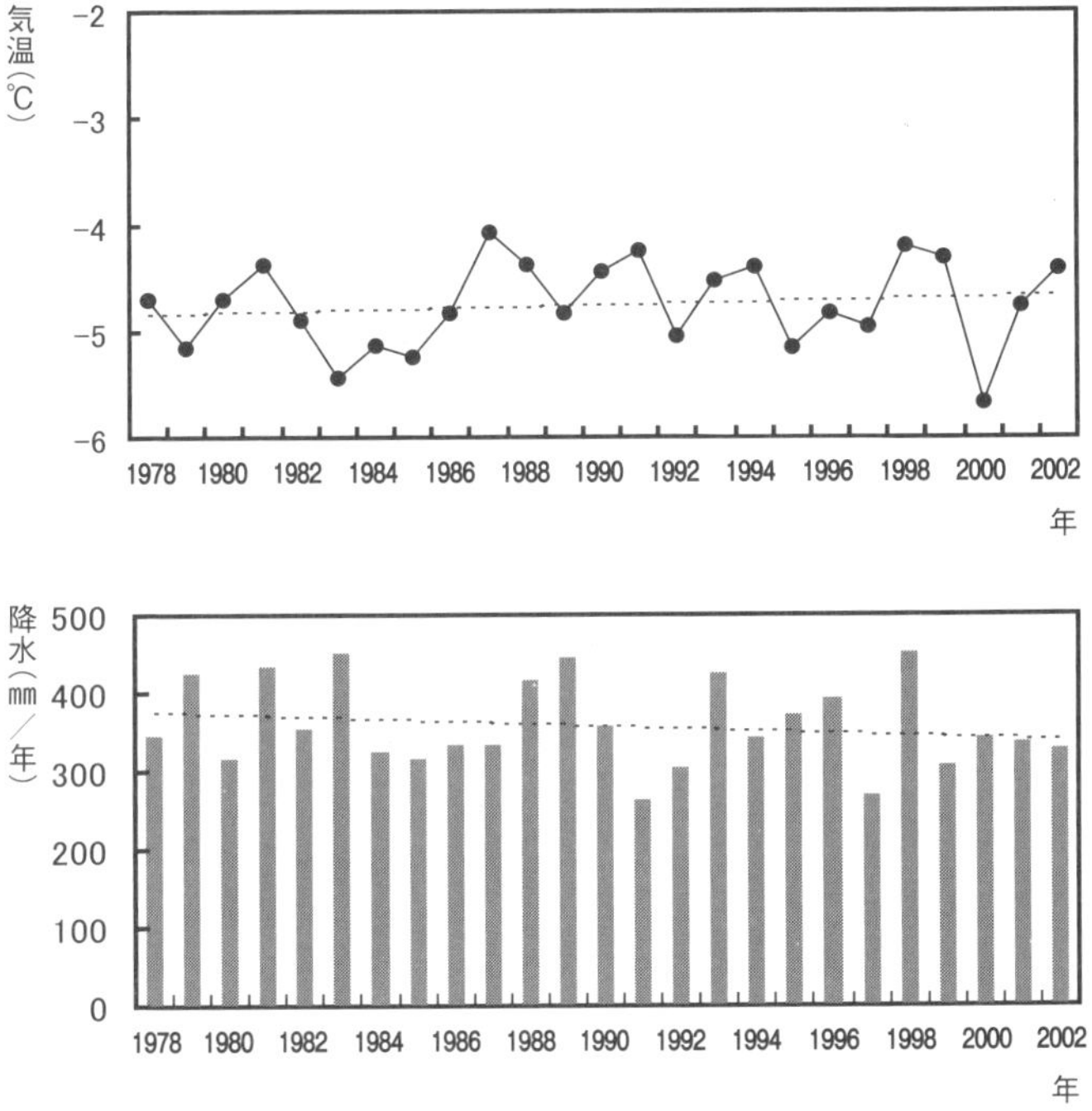

図１　鶯落峡流域における気温（上）と降水の変動（Xie etal、2006）

の年々変動から考えてみよう。

草地や森林では降水の一部が蒸発し、残りが鶯落峡の流出に寄与していると考えて良い。厳密には地下水が貯留する分を考慮する必要があるのだが、ここでは季節変動は議論せず年々変動に注目するので地下水変動は無視できると考える。図1は一九七八年からの鶯落峡流域における年平均気温と年降水の変動である。気温は徐々に上昇しており、降水は徐々に減少していることがわかる。ということは、草地や森林に入ってくる降水が減り、なおかつ気温が上昇することによって蒸発によって奪われる水が増え、流出に寄与する水量は減少すると考えられる。以上の推定から草地や森林からの流出では鶯落峡の流量増加を説明できない。

氷河融解水量の変化

次に氷河からの流出量変動を見てみよう。図2は図1に示す気温と降水変動から鶯落峡流域における氷河からの流出変動を計算した結果である。鶯落峡流域全体の流出量に比べると量はわずかであるが、年々徐々に増加している。よって最近数十年の鶯落峡流域における流出量増加の原因は氷河からの流出が増加したためであることがわかる。

さて、この数十年の氷河からの流出量増加の原因は？　と問われると、図1を見て気温が上昇して氷河の融解が促進されたから、と答える人がほとんどだろう。確かにそれも正しい。しかし、実はさらに降水が減っていることも要因の一つなのである。おそらく氷河に入ってくる水（降水）

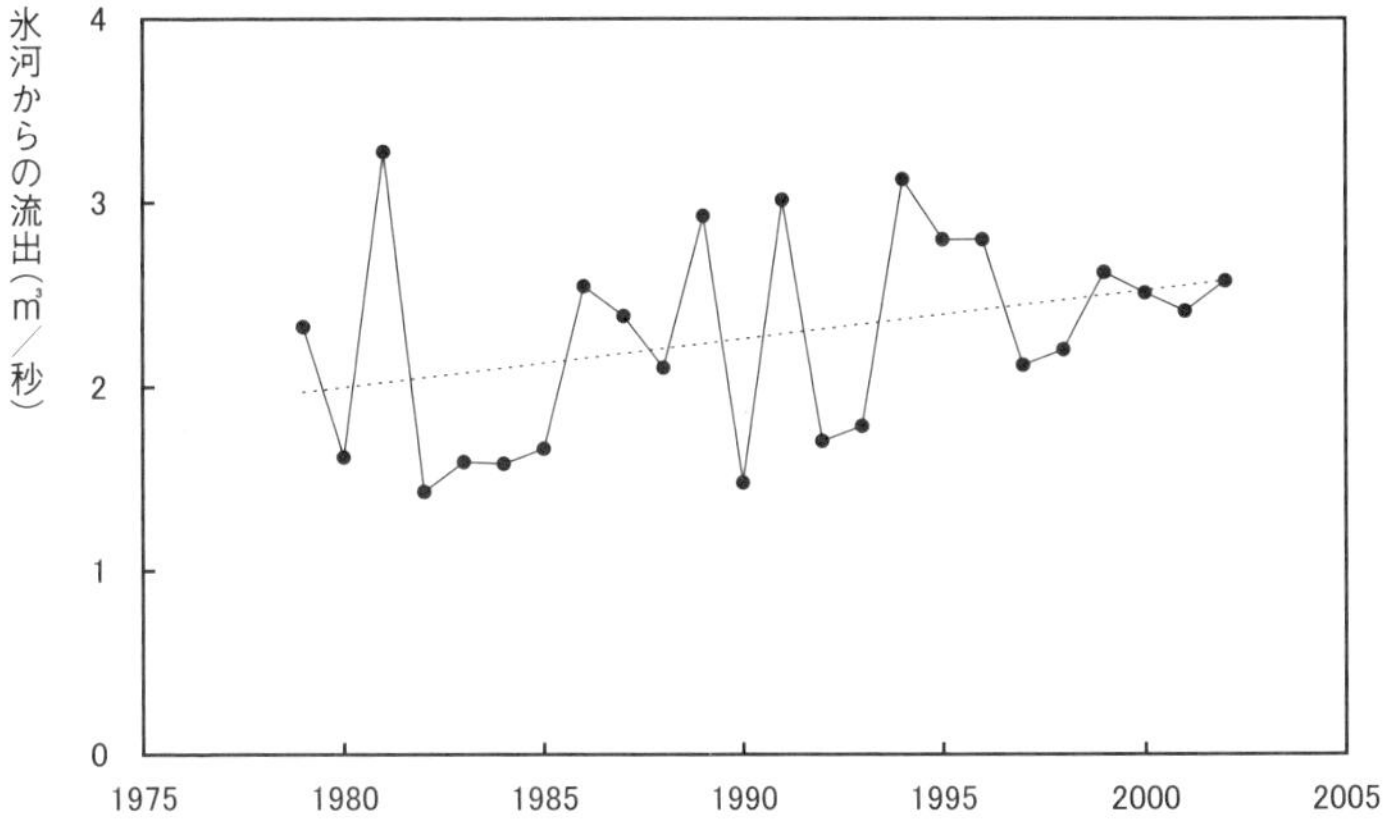

図２　鶯落峡流域における推定された氷河からの流出変動

が少ないのに流出が増加するとは？　と不思議に思う方がほとんどだろう。この降水が減ると流出が増加するという一見矛盾した関係は、氷河の表面状態に原因がある。氷河の融けやすさは気温だけでは決まらず、氷河の表面が如何に太陽光を吸収できるかということも条件となる。太陽光を吸収しやすい氷河は表面に氷が露出しているが、氷河表面が雪で覆われている場合太陽光をほとんど反射してしまい融解のエネルギーとして吸収できない。これは夏に黒いＴシャツを着ると暑く感じ、白いＴシャツを着ると涼しく感じるのと同じことで、黒いＴシャツは太陽光を吸収する氷、そして白いＴシャツは太陽光を反射する雪と思えばよい。実際夏の比較的気温が高い期間でも氷河が新雪で覆われると、融け水の流れる音がしていた氷河上は静寂に包まれ、氷河末端からとうとうと流れ出ていた水は無くなってしまう。ところが、何日かたった後新雪が消えて氷が表面に露出すると、氷は太陽光を吸収し氷河上に融け水が流れ出す。こうして降水が少ないほど氷河は新雪に覆われるチャンスが少なくなり、氷河は融けやすくなる。最近数十年間の降水減少も、こうして氷河からの流出増加に寄与している。

実は氷河は数百年前の小氷期と呼ばれる今よりもっと寒い時代に大きく拡大しており、現在よりも面積が大きく厚さも厚かった。現在はその小氷期にため込んだ氷を融かして縮小しつつ河川水を徐々に増やしている。

氷河の調節機能

このまま氷河が縮小してしまうと将来下流の人々の生活にどのような影響を及ぼすのだろう？実は氷河には水を安定して供給する流量調節機能が備わっており、雨の降らない年に氷河に蓄えられた氷を融かして水を供給する。氷河が縮小してしまうと氷河の流量調節機能も役目を果たさなくなり、下流の住民は雨の降らない年には渇水の憂き目にあう。この流量調節機能の仕組みについて次に示す。

まず氷河のない草地や森林域での流出についてであるが、ここでは前述のように降水量から蒸発量のみ引けば流出になるというシンプルな流出システムである。降水量は蒸発量に比べて年々の変動が大きく、それに対して蒸発量は一定といってもいいほど変動が小さい。また山手は蒸発

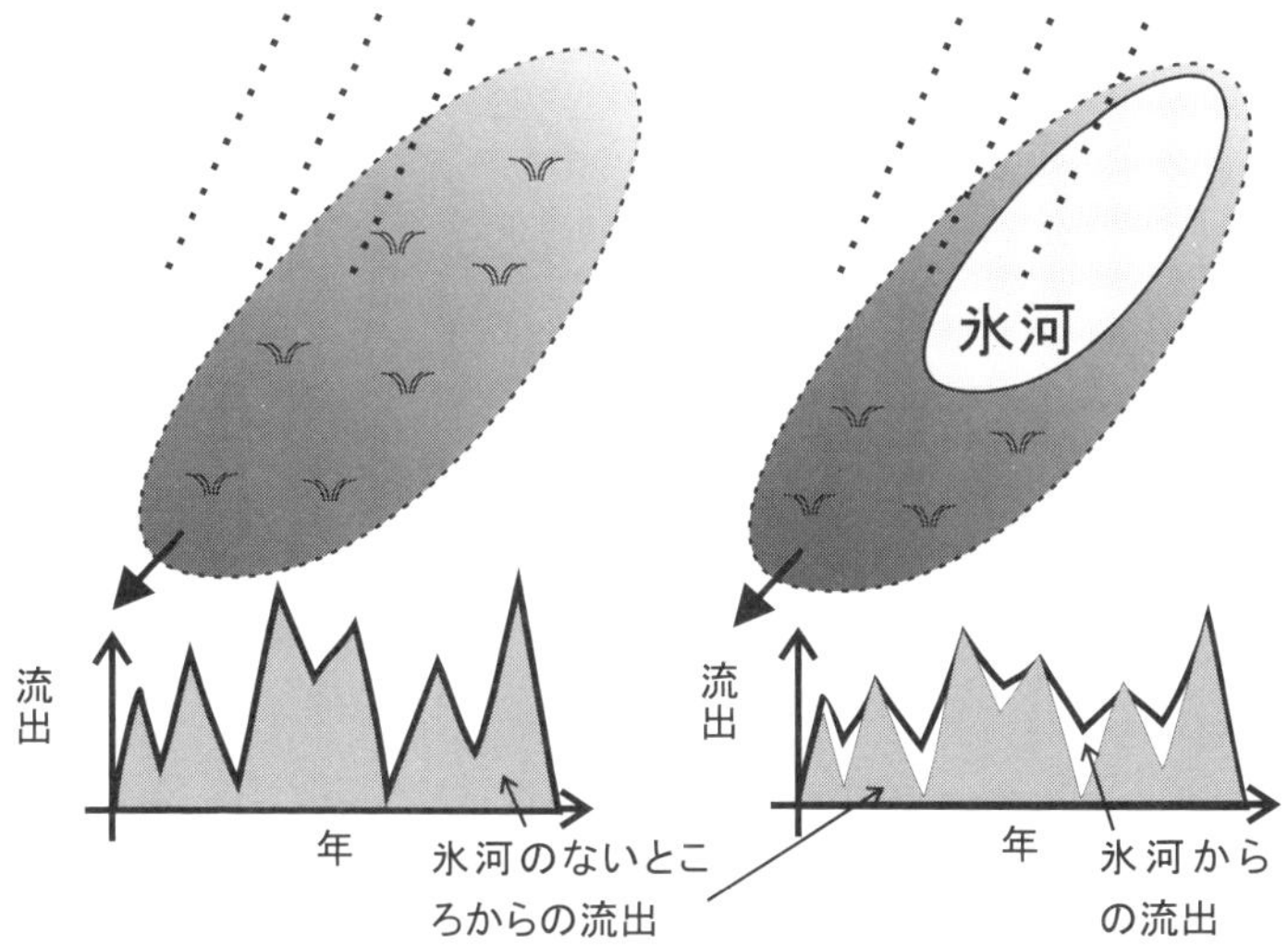

図３　流域に氷河がない場合流出の変動は大きくなる（左）。流域に氷河がある場合、氷河のないエリアからの流出が少ないときに、氷河からの流出が補うようにして増加するため、総流量の変動は小さい

量に比べて降水量が多く（極めて降水の少ない特異な年を除いて）充分に蒸発を超えている。このことから、草地や森林域からの流出変動は降水の変動とほとんど同じ、つまりたくさん降ればたくさん流出し、少ししか降らなければ流出は少量になる。

ところが氷河からの流出水は前述したように降水が減ると新雪の下の氷が露出して太陽光を吸収しやすくなるためかえって流出は増える。

以上の草地や森林からの流出が減るときに氷河からの流出が増加するという流出特性から、以下のことが言える。氷河面積が大きかった数百年前の昔は流域において氷河からの流出の影響が大きく、図3の右図に示すように氷河は降水の少ない渇水のいざという時にこそ氷河の氷を融解させて流量を増加させるという流量調節器の役目を果たしてきた。

しかし将来、氷河の面積がさらに縮小してしまうと、氷河という流量調節機能の無くなってしまった流域では図3左図の様に降水の変動と同様に流出が大きく変動し、降らなければ渇水という憂き目にあうこととなり、下流の住民は変動の激しい流出に翻弄されるようになる。

これまでの話をまとめると、最近数十年間の黒河流域からの流出は氷河が小氷期時代ため込んだ氷を融かすことで流出が徐々に増加している。小氷期、氷河が大きかった時代は降水の少ない年には氷河を融かすことで流出を増やして河川流量を調節し、下流の住民が渇水となることがないよう重要な役目を果たしてきた。しかし将来さらに氷河が縮小してしまうと、氷河による流量調節機能がなくなり、河川の水を使用する人々の暮らしは降水量の変動をもろに受け、渇水の年にはかなり苦しい生活を強いられることになると考えられる。

参考文献

Xie, P., A. Yatagai, M. Chen, T. Hayasaka, Y. Fukushima, C. Liu and S. Yang（2007）A Gauge-Based Analysis of Daily Precipitation over East Asia. *J. Hydrometeor* (in press).

第二部　人々の戦後史

「最上流」への流入移民史と生活の現状

尾崎　孝宏

はじめに

本章では黒河上流域の中でも、祁連山脈の南側を黒河が東西に流れる一帯、現在の行政区画でいえば青海省海北チベット族自治州祁連県に属する地域の社会がどのように形作られてきたか、そして現地の人々がどのようにして「川で生きて」いるかを述べていきたい。

黒河に対する一般的な認識において、黒河の上流域とは、黒河が祁連山脈の北斜面を流れ落ちて張掖オアシスに流れ込む鶯落峡よりも上である。少なくとも、黒河流域での人口集中地域である張掖オアシスの人々や、そこを管轄する甘粛省の立場からすれば、上流域とは「食糧生産基地」張掖オアシスで使用する水の供給源にほかならず、水源涵養林保護のために各種政策、例えば「退耕還林」や「生態移民」を企画・実行する対象である。

しかし、こうした視線からは、往々にして祁連山脈の南側、つまり本章で述べる青海省側の存在は認識されていないかのような印象を受ける。その最大の原因は彼の地が省境の向こう、つまり張掖市や甘粛省の命令系統に属さない点にあることは想像に難くない。これは甘粛省側の政策が及ばないということだけでなく、コミュニケーションのルートもきわめて細くなる、という結果をもたらすことになる。

例えば、張掖市の中心地を起点とする公共交通網を取り上げてみよう。東は省都蘭州、西は嘉峪関・酒泉へは鉄道や、平行する国道沿いに中長距離バスが往来している。そして、張掖市に属する各県へもバス網が張り巡らされており、その南端は祁連山脈の北斜面に位置する粛南ヨゴル族自治県の中心地である紅湾寺鎮である。一方青海省側へは、省都の西寧まで走っている国道は比較的交通量が多くバスも走るが、あくまでも目的地は西寧であり、祁連県の東端をかすめるものの、祁連山脈の南斜面に位置する地域とのコミュニケーションは意図されていない。

また前述の粛南ヨゴル族自治県紅湾寺鎮より祁連県野牛溝郷までは、道幅は狭いものの舗装された峠越えの道が引かれてはいるが、交通量は非常に少なく、稀に地元の人々の四輪駆動車やトラックが通る程度である。なお、粛南ヨゴル族自治県紅湾寺鎮に住む一般の人々にとっても、「山の向こう」は現在の生活とは無縁の地域であり、しばしば「長居無用の怖い土地」として言及される。

なお、こうした隣接しているにもかかわらず省境の向こう側となる地域への心理的距離は、祁連県側から見ても同様である。祁連県の人々のコミュニケーション回路は祁連山脈の北にではなく、南にある海北州や省都の西寧という行政的「上面」（上級機関を意味する漢語）へとむしろ繋がっているおり、張掖オアシスからは野菜が近年入ってくるようになった程度である。つまり、祁連山脈をはさんで、北斜面を「上流」と表現すれば南斜面は「最上流」と呼びうるような、それぞれ独立した地域社会が展開しているのが実情である。

「最上流」の形成過程

ただし、この地域が現在のような社会的不連続性を内包するようになったのは古い話ではない。実は五〇年前、黒河最上流部の多くは行政的には甘粛省粛南ヨゴル族自治県の支配権が及ぶ地域であると認識されていたのである。そもそも、甘粛省と青海省が分離したのは一九二九年のことであるし、その後も一九五〇年代近くに至るまで、いずれの省も祁連山脈を実効支配していなかった。牧民は伝統的に祁連山脈の稜線を自然的境界とは考えず、山脈の南北いずれの斜面も牧地として利用するのが常であり、そして現に黄蔵寺（八宝鎮の北方。現在は回族の村）、八字墩草原（野牛溝郷一帯の草原）などヨゴル族に由来するとされる地名も存在したため、当時大多数が北斜面に居住していたヨゴル族の民族自治県が設立（一九五四年）されたことを契機として、祁連山脈の南側も同自治県の領域であるとみなすのは少なくとも甘粛側の認識としては自然の成り行きであった。おりしも一九五四年から一九五六年の間は下流のエゼネ旗（現内モンゴル自治区）も甘粛省に属しており、その意味ではこの時期、黒河流域全体は張掖オアシスを中心とする一つの社会圏へと収斂する可能性を秘めていた。

この可能性を消滅させたのは、北京で作成された地図である。一九五四年、北京の国家地図出版社は『中華人民共和国行政区画図』を出版したが、そこでは甘粛・青海両省の境界を祁連山脈の主脈であるとして記していた。この記述は一九二九年に甘粛省と青海省が分離した際、祁連山脈上に便宜的に引かれた省境を踏襲したに過ぎなかったのだが、同出版社の地図は法的な効力を有するために、この事実は現地政府に大きなインパクトを与えた。具体的には、合法的に黒河最上流域を自らの版図に収めた青海省側が、当該地域への青海省所属の牧民の浸透を推奨ないし黙認し、ここに草地をめぐる牧民間の紛糾が発生する。

ただし、この時点の省境に関する紛糾は一九五五年八月、両省の境界を当面祁連山脈の主脈ではなく、現地の伝統を尊重し黒河を境界として確定することで決着がつく。しかし、その後再び「大搬遷」に伴う一連の社会的混乱を経験した後、最終的には『中華人民共和国行政区画図』の通り、祁連山脈主脈を青海・甘粛両省の省境とすることで紛糾は収束することになる（本書「〝地域〟をつくる人々」の章参照）。そして一九六〇年代以降、祁連山脈の主脈以南は青海省の一部分として、主に青海省の別地域を故郷とする人々によって生活が営まれる地域となって現在に至るのである。

「最上流」形成以前

ところで、この「大搬遷」が、当該地域の現状を作り出すにあたって決定的に重要なイベントであったとして、黒河最上流部の牧地を失ったということが、現地のヨゴル族社会に対していかなるインパクトと、それにともなう民族的記憶そして感情をもたらしただろうか。それを「大搬遷」の直近の過去との対比より類推してみたい。

少なくとも黒河本流沿いの最上流域に関する限り、現在の祁連県中心地である八宝地区以西に人口流入が開始したのはここ一〇〇年のことに過ぎない。まず一八九五年、祁連県の東に隣接する門源県・大通県から回族が八宝地区（現在の祁連県中心地）に流入を開始したことを皮切りに、一九二〇年代になると当時青海省を支配していた回族軍閥馬歩芳の影響力の下に継続的に回族人口の流入が発生する。なお黒河を遡った扎麻什へは、一九〇一年に青海東部からチベット族が二〇戸あまり移住したのが最初の記録である。

さらに西の野牛溝となると、一九二八年に祁連県東部のチベット族数戸が税金を嫌い現地へ逃亡した、一九三七年にヨゴル族が祁連山脈南斜面に進出して八字墩・黄蔵寺で放牧を行うようになった、一九四五年に青海西部からモンゴル族六〇人が紛争を避けて逃げ込んだなど、かすかな人間の流入と生存の痕跡が伺えるだけである。なお筆者の試算では、一九四〇年代に祁連山脈南斜面で放牧を行っていたヨゴル族は三〇〇名に満たない程度であり、しかも主たる牧地は祁連県中北部の黄蔵寺であった。

さらに極めつけとして、一九四九年の中華人民共和国成立以後、ゲリラ的抵抗を続けた馬歩芳の残党が最終的に逃げ込んだのは野牛溝であり、彼らが完全に掃討されたのは一九五三年であった、という事実を挙げておこう。要するに、野牛溝は政治組織を形成しうるだけの現地の勢力が存在しないがゆえに敗残兵や逃亡者の潜伏先として利用可能な、あるいは状況によっては弱小勢力でも放牧可能な、ほぼ無人に近い地域であった。その後、国民党残存勢力の掃討終了後、つまり前述の省境紛争発生の直前から本格的な人口流入が開始したのである。そもそも、野牛溝という地名が現地に野生のウシが数多く棲息していたことに由来するという点も、現地の人口希薄さを傍証するだろう。東隣の扎麻什も大同小異の状況で、ここ一〇〇年のうちに移住と開墾が行われて現在に至っているものの、当地域の大部分の面積を占める非耕作地に関しては五〇年前もなお人煙稀な地域であった。

つまり、五〇年前の文脈において、黒河最上流域には確かにヨゴル族は存在したものの、そこを「ヨゴル族の土地」と呼ぶには相当無理のある状況であったと想像される。民族間の軋轢は、黒河中流～下流域の少数民族に焦点を当てる研究においては現在無条件に中心的テーマとなりうるが、本地域に関する限り、同様に研究者が民族間の軋轢を探し求めてしまえば、それは現地の現状を見誤ることになりかねない。もちろん、かつて黒河最上流部に居住していたという伝承を有するヨゴル族が祁連山脈の北斜面へ移動していった経緯に、伝えられている人口減少だけでなく、民族間の軋轢が存在した可能性は否定し得ない。

しかし、現地調査から看取されるのは、民族の境界を超えた生業・生活スタイルの類似性であり、行政の最末端である郷レベルの地方幹部が強調する平穏な民族間関係も、あながち外部の調査者向けの誇大宣伝とは感じられない現状である。その原因としては人口バランスや、張掖オアシスより上流に位置するという、水資源の分配においては圧倒的に有利な地理的条件が考えられるが、この点を現状に関するデータから検討したい。

野牛溝

すでに述べたように、当該地域を現在の行政単位名称で表現すると、祁連県野牛溝郷と扎麻什郷である。位置的には地図でも明らかな通り、野牛溝が西に位置し黒河本流の源流部をその領域内に含んでおり、扎麻什はそれより下流側、つまり東側に位置する。なお、黒河はその後、祁連県中心地の北西で東から流れてくる支流の八宝河と合流し、北へ転じて祁連山脈を横断、張掖オアシスへ流下する。

野牛溝は祁連県中心地より西へ八三キロ離れた黄草梁に郷政府がある。総面積は三、四八〇平方キロメートル、一九九四年現在の総人口は三、一三六人で、民族別人口構成はチベット族四九パーセント、モンゴル族二七パーセント、回族二二パーセント、ヨゴル族二パーセントとなって

※図上の地名・境界は1985年現在のものに準拠した

地図：祁連県とその周辺

いる。なお、郷は一九五八年九月に設置されており、その歴史的経緯はすでに見たとおりである。郷の海抜分布は三、二〇〇～四、八〇〇メートル、年間降水量は三九三・八ミリ、年平均気温はマイナス三・三度である。このような自然環境では基本的に耕作は不可能で、二〇〇三年のデータによれば、前年の野牛溝の全耕地面積は二七ヘクタール、作物もアブラナと飼料用の燕麦などに限られる。なお、樹木の生育にも不適な環境ゆえ喬木林はゼロで、灌木林のみ二万五〇〇ヘクタール存在する。

　野牛郷は行政村が三つ存在し、いずれも純牧畜地域という位置づけであり、牧民はきわめて長距離の季節移動を行う。レンガ造りの冬用住居および家畜囲いが点在する冬営地は、遠くても郷中心地から二〇キロ圏内（標高三、二〇〇〜三、四〇〇メートル）に点在している。一方、夏営地は牧民がテントと家畜を携えて移動するが、彼らの夏営地は近くても郷中心地より西へ五〇キロ以上、多くは七〇キロほど離れている。なお、彼らの家畜はヤクと在来種のヒツジが中心である。

彼らの夏営地は時々地下に潜って表流水のなくなる黒河近辺よりも、むしろ氷河の融解水や、年によっては雨水が利用可能な山麓（標高三、五〇〇メートル以上）にある。祁連県全般の傾向として冬季の降水量は非常に少なく、雪の利用ができないため、水源に乏しいこうした草原は夏季のみ放牧可能となっている。

次に、筆者が二〇〇四年夏に野牛溝で聞き取り調査を行った三世帯のデータを示しつつ、彼らの詳細な生活実態を述べていきたい。なお、三世帯の聞き取り場所は彼らの夏営地で、野牛溝から西へ向かう舗装道路沿い五〇〜六〇キロの地点に点在していた。

A氏

A氏は、現在野牛溝に居住する七名のヨゴル族の一人である。なお、野牛溝には彼の親族以外にヨゴル族はいない。A氏は一九五八年七月にこの地で出生し、移住歴はない。詳細は未確認であるが、出生直後のA氏を含む世帯が何らかの事情により例外的に「大搬遷」による移動を免れ、現地に居住し続けていたことになる。

A氏の家族構成は、モンゴル族の妻と二人の息子、そして長男の妻である。民族的には息子は二人ともヨゴル族、長男の妻はモンゴル族である。妻も野牛溝の出身であり、夏営地では一家でチベット式のテントに居住している。

年間の牧畜暦は一月から六月まで冬営地で放牧し、六月に種付けとともに夏営地へ移動を開始する。七月にヒツジの剪毛を行い、八月に夏営地と冬営地の中間にある秋営地へ移動、一〇月中旬に冬営地へ戻りヒツジの出産シーズンとなり、一二月まで続くという。なお、この牧畜暦に関してはは後述のB氏、C氏も同様である。

A氏は夏営地・冬営地それぞれ八〇ヘクタールずつの牧地を割り当てられ、ヒツジ五二〇頭（うち成畜三六〇）、ウシ三七頭（うち成畜二八）、去勢ウマ二頭を飼養している。生活は家畜および畜産品の売却に頼っており、たとえば二〇〇三年秋にはヒツジ一〇〇頭（平均価格二六〇元／頭）、ウシ一五頭（平均価格一、三五〇元／頭）、羊毛七〇〇キロ（平均価格六・四元／キロ）の売却から収入を得ている。なお、A氏所有のウシは全てヤクである。一方の支出は、牧畜にかかる費用が年二万元、生活費が一人毎月四六〇元（年二万七、六〇〇元）、税金が年一、三五〇元などとなっている。ちょうど収入と支出が均衡するが、これは支出に必要な分だけ家畜を現金化する牧民の生活パターンを反映していると解釈するのが妥当であろう。

次に、A氏の水利用に関する実情を見よう。彼は現地の水資源の乏しさを指摘するが、それは環境変化などの結果であるというよりは、本来的に水に乏しい地域であったという認識である。

夏営地近辺では黒河には水がないので、八キロ離れた北側の山に登って渓流の水を飲用に使用しており、家畜は水溜りの水を一日三～五回飲ませているという。なおA氏は、ヒツジは一日五キロ、ヤクは一日一五キロの水を飲むとの見解を示したが、家畜の飲水量については「わからない」と回答するインフォーマントが多い項目であり、あまり厳密な数字ではないと思われる。一方、冬営地は近傍に泉があるが小さいため、パイプで水を引くことを計画しているが実現しておらず、家畜には一日一回飲ませるだけであるという。

B氏

B氏は二〇代前半の回族であり、本人は現地出身であるが、父親（六〇代前半）は幼いころ西寧市に隣接する湟中県より、飢饉のため祁連県へ逃れてきた来歴の持ち主である。家族構成は両親、既婚の兄と妻子、自らの妻子の計九名であり、ビニール製のテントでB氏と兄のみが夏営地へ放牧に来ている。残りの家族は冬営地におり、そちらへウシを十数頭残し、搾乳など女性が行う労働は冬営地で行っている。なお筆者の観察では、父系的な拡大家族を形成し、夏営地には男性労働力のみが移動するという生活パターンは回族にのみ顕著に見出された。

ただし家族構造の特徴とは対照的に、牧畜暦に関して民族差はない。B氏の説明によれば、現在の夏営地は三日前に移動してきたばかりだが、水溜りがないので二日後には泉のある山のほうへ移動する予定である。逆に雨が降って水溜りがある場合には、山は寒すぎるという。B氏の家族は夏営地一三〇ヘクタール、冬営地二〇〇ヘクタールが割り当てられているが、夏営地は有刺鉄線による囲い込みもあまり行われていないため、かなり柔軟な牧地利用が行われているようである。

飼養家畜頭数はヒツジ五二〇頭（うち成畜三一〇）、ウシ七六頭（うち成畜五八）、雌雄のウマ各一頭であり、二〇〇三年の売却量はヒツジ一六〇頭（平均価格二〇〇元／頭）、ウシ一〇頭（平均価格八〇〇元／頭）、羊毛六〇〇キロ（平均価格六・八元／キロ）である。一方の支出については牧畜にかかる費用が年五、〇〇〇元、生活費が年三、六〇〇元、税金が年四、六五〇元という回答を得ており、収入と大きな落差を生じているが、その原因についてはB氏の世帯で支出を把握しているのは彼の親であり、B氏は支出に関して疎いとの説明がなされていた。なお、B氏の世帯では飼料用の燕麦を一〇ヘクタール程度植えており、レンガ大の固まりである「梱子」六〇〇〜七〇〇個分の収穫があるという。ただし、それでは不十分なため、その他に燕麦を六〇〇〜七〇〇「梱子」買っている。

水利用については、B氏も現地の水の乏しさを指摘した。飲み水は以前より、夏は雨水を溜めたもの、冬は黒河の水を使っているという。家畜への給水についても基本的に同様で、夏は一日一回水溜りの水を、冬は一日二回黒河の水を与えており、ヒツジは一日三キロ、ウシは一日一五キロの水を飲むと回答している。

C氏

C氏は三〇代半ばのチベット族で、現地出身者である。家族構成は両親、自らの妻子、妹夫婦と子供たち、および別の妹とその子供の合計一一名で、妹の夫が漢族であるほかは、全てチベット族となっている。なお、娘とその子供が両親と同居するパターンはチベット族やヨゴル族などでは珍しくない。

C氏の家族に割り当てられた牧地は夏営地八〇ヘクタール、冬営地一五〇ヘクタール、飼養家畜はヒツジ三三〇頭（うち成畜二〇〇）、ウシ五一頭（うち成畜三六）、去勢ウマ一頭である。C氏も上述の二名と同様、収入源は家畜と畜産品の売却のみであり、二〇〇三年はヒツジ八〇頭（平均価格二〇〇元／頭）、ウシ一〇頭（平均価格五〇〇元／頭）、羊毛三五〇キロ（平均価格六・四元／キロ）である。一方の支出については、牧畜にかかる費用が年一万二、〇〇〇元、生活費が年四、四〇〇元、税金四、〇〇〇元などで、ほぼ収支が均衡している。なお、C氏も草を購入しており、一、〇〇〇「梱子」の草を一つ一・八〜二元で購入している。その他、草を七アール程度植えているが、雨不足で一〇〜一五センチしか伸びていない、とのことであった。

水利用については、C氏の聞き取りがB氏宅で行われたこともあり、C氏と同様という回答しか得られなかった。ただし彼の環境認識としては、一九七〇年代は雨が多く夏営地の一帯は湿地となっていたが、ここ二〇〜三〇年で乾燥化しているという。

扎麻什

一方、扎麻什は祁連県中心地より西へ二〇キロ離れた鴿子洞に郷政府がある。総面積は五六八平方キロメートル、一九九四年現在の総人口は四、八四六人で、民族別人口構成は回族三三パーセント、チベット族三〇パーセント、漢族二七パーセント、土族七パーセントなどとなっている。なお、郷は祁連県が設立される一九五三年一一月より二年以上早い一九五一年九月に設置されており、当時は一七〇戸が居住する農村であった。郷の海抜分布は二、四〇〇〜四、七〇〇メートル、年間降水量は四三四ミリ、年平均気温は〇・四度である点に加え、扎麻什一帯では黒河が通年で流れ、しかも十分な水量が確保できるため、場所によっては農耕が可能である。そのため、すでに見た移住プロセスの通り、当初より農民を中心に人口流入が発生していたとみられる。

耕地と集落は黒河本支流沿いの河谷、つまり最も標高の低い地域に集中しており、近年の「退耕還林」政策などで減少しているものの二〇〇三年の全耕地面積は六〇〇〇ヘクタールあり、郷幹部によれば全耕地の六〇パーセントほどが灌漑されているという。

作付面積は、食用作物ではアブラナ（二〇〇〇ヘクタール）、小麦（一二〇〇ヘクタール）、青稞（八〇〇ヘクタール）の順で、他に飼料用の草（九〇ヘクタール）が大面積を占めている。また収穫高については、小麦四三七トン、アブラナ一九五トン、青稞一四五トンである。なお筆者が鴿子洞付近を観察したところ、耕地の分布は、川や集落に近い灌漑地と思われる場所では小麦と青稞が卓越しており、山に近い丘陵地ではアブラナが卓越していた。さらに扎麻什では、黒河南岸すなわち北向きの斜面となっている箇所や同様の条件を備えている一部の支流沿いで針葉樹林も見られ、喬木林が四、〇〇〇ヘクタールと灌木林が七、七〇〇ヘクタール存在する。

行政村については、扎麻什郷には合計八つ存在するが、上述したように全てが黒河本流および黒河に流入する支流の流入点近くの狭い地域に集中している。また、野牛溝と異なって平坦な河谷平原が存在しないため、住民が農業と平行して行っている牧畜に関しては、集落近辺の冬営地と、黒河両岸の急峻な斜面を登った標高三、〇〇〇メートル以上の山間部の夏営地を往復する形を取る。野牛溝と比べて移動距離は圧倒的に短いが、急斜面であるため自動車などの近代的手段が利用できないので、移動には却って困難な側面も存在する。なお、家畜はヒツジと黄牛（ヤクではない普通のウシ）で、家畜を持たない農家は稀だが多くても三〇〇頭程度であり、一、〇〇〇頭の家畜を所有する牧民も存在するという野牛溝と比べて小規模である。以下では野牛溝と同様、扎麻什で聞き取り調査を行った三世帯のデータを示す。なお、インフォーマントは全て郷政府のある鴿子洞の住民である。

D氏

D氏は五〇代前半の漢族であり、一九五四年に甘粛省民楽県から、生活条件の良さに惹かれた父母に連れられて移住してきた経歴の持ち主である。家族構成は妻、長男と妻子、次男と妻子、三男の合計九名であり、長男と次男の妻は漢族、それ以外の成員はモンゴル族である。つまり、民族籍に関しては可能な限りD氏の妻のそれを継承している。

年間の作業暦は以下のようになる。まず農業については、四月五日から五月にかけて播種、六月と七月が除草と農薬散布、八月も除草を行い、九月に収穫、一〇月に穀物を臼で挽く。また灌漑は六月～八月に、降水状況を勘案しながら一～三回、毎回六・七アール（一畝）あたり一・五時間行う。一方、牧畜に関しては、一月から冬営地で過ごしている間の五月に出産、七月に夏営地へ移動、ついで九月に冬営地近くの秋営地へ移動して一一月に冬営地へ戻り、一二月に種付けを行う。なお、この作業暦はE氏、F氏も同様である。

D氏に割り当てられた土地は耕地が二・四ヘクタール、秋・冬営地用の草地が一九ヘクタールである。なお、夏営地は社（自然村）の共用となっている。作付面積は春小麦五三アール、ジャガイモ一三アール、エンドウ一三アール、アブラナ三四アール、青裸一一〇アール、飼料用の草が二七アールとなっており、春小麦のみ一トンを八〇〇元で売却しているほかは、全て自給用である。

一方、家畜はヒツジ二八〇頭（うち成畜二〇〇）、ウシ五頭（うち成畜五）、ウマ四頭（去勢二、メス二）、豚二頭を飼養しており、二〇〇三年には仔ヒツジ九〇頭（平均価格一四〇元／頭）、ウシ一頭（価格一、二〇〇元／頭）、羊毛二五〇キロ（平均価格六・六元／キロ）、豚一頭（価格七〇〇元／頭）を売却している。なお、D氏は二〇〇三年一〇月より娘夫婦に自らの家畜を委託放牧に出しており、対価として出生した仔ヒツジの半分を与える約束だという。

また、D氏の世帯では収入源は農牧業だけでなく、製粉機を貸し出して年四、〇〇〇～五、〇〇〇元、搾油機を貸し出して年三、〇〇〇～四、〇〇〇元、教師をしている三男の給与として年一万二、〇〇〇元の収入がある。一方、支出は、農業にかかる費用として年二、八〇〇元、牧畜にかかる費用として年三、〇〇〇～四、〇〇〇元、生活費が月八〇元×一二＝九六〇元、税金が年八百元などであるという。なおD氏の生活費が安い原因は、食料が自給自足であるからだという。

D氏の水利用の現状は、以下の通りである。まず飲用水としては、二〇〇二年八月に開通した水道を利用している。水道代は一人当たり年間一〇元なので、かなり安価であるといえよう。一方、灌漑は黒河の水を利用し、家畜への給水も秋営地・冬営地では河水、夏営地では河水と泉を利用している。なお、水道開通前は飲料水も泉の水を運搬して利用していた。D氏によれば、家畜への給水量は夏冬問わず一日二回、一日当たりヒツジは三キロ、ウシは一五キロを飲むという認識であった。また灌漑に関してD氏は、給水時間はわかるが給水量は不明である、と回答したが、一般に現地の人々は、水の使用量については把握していないようである。また水不足の問題は「ひどくない」とする見解はE氏、F氏にも共通し、この地域の人々の意見を代表しているように思われる。

E氏

E氏は六〇代前半の回族であり、祁連県中心地の八宝郷下庄で出生したが、両親が生活困難のため一九四九年に現地へ移住してきた。現在の家族構成は妻（回族）のみの二人暮らしであるが、元々子供は六人おり、うち二人の息子は一人が同じ村の農民、一人は祁連県の裁判所職員であるという。

E氏に割り当てられた土地は耕地が〇・七ヘクタール、草地が四・七ヘクタールであるが、耕地のうち二〇アールと草地全てを人に貸している。自分で使用する耕地の作付面積は青裸二七アール、アブラナ六・七アール、飼料用の草二〇アールであり、全て自給用である。家畜はウシ四頭（うち成畜二）で、これも自家搾乳用で二〇〇三年は売却していない。主たる収入源は息子からの生活費であり、加えて耕地の賃料（年九〇元）、草地の賃料（年一四〇元）がある。支出は生活費が月三〇〇元×一二＝三、六〇〇元、種子代一、一〇〇元、税金一二〇元などが挙げられており、単純計算すると少なくとも月四〇〇元程度の現金を息子から受け取っていることになる。

E氏の水利用で特徴的なのは、家の敷地内に井戸があるため、水道を引いていない点である。一〇年前に掘ったもので、それ以前はD氏と同様に泉の水を運搬していた。灌漑は黒河の水を利用し、頻度や量もD氏と同様である。家畜の給水は、夏は草地に出しているので随時、冬は家の近くにある泉で一日一回飲ませるという。

F氏

F氏は六〇代後半のチベット族であり、彼自身は現地生まれであるが、両親は一九二〇年代に青海湖の南にある化隆県から祁連県へ移住、当初は八宝に居住していたがその後に扎麻什へ移住してきたという。家族構成は妻、三男と妻子、孫娘（娘の娘）夫婦と子供、合計一一名で全員がチベット族である。

F氏に割り当てられた土地は耕地が一・三ヘクタール、草地が一三ヘクタールである。作付面積は春小麦三三アール、エンドウ一三アール、アブラナ二七アール、飼料用の草二七アールで、収穫高は春小麦七五〇キロ、エンドウ五〇〇キロ、アブラナ六〇〇キロである。春小麦とエンドウはそれぞれ〇・八元／キロ、一・四元／キロで売却しているが、アブラナと草は完全に自給用である。

一方、家畜はヒツジ四〇〇頭（うち成畜二三〇）、ウシ五一頭（うち成畜三九）、去勢ウマ三頭を飼養しており、二〇〇三年にはヒツジ一〇〇頭（平均価格三〇〇元／頭）、ウシ八頭（平均価格五〇〇元／頭）、羊毛四〇〇キロ（平均価格六・六元／キロ）を売却している。つまり収入面で見る限りF氏は牧畜が主であり、調査当時、村の南にそびえる雪山の向こうにあるという夏営地では、三男夫婦とその娘が一人、ヤクの毛で作ったチベット式テントを携えて放牧を担当しているとのことであった。

支出は、生活費が月三五〇元×十二＝四、二〇〇元、農業にかかる費用として年八〇〇元、牧畜にかかる費用として年八〇〇元、税金が年二、〇〇〇元、水道代が一〇元×一一＝一一〇元との回答であったが、F氏は自らが「農牧業生産の費用」と見なさない出費が多いものと想像される。なお、水利用の現状については、完全にD氏と同一であるという。

おわりに

繰り返しになるが、現在の黒河最上流では、生態移民は行われておらず、民族間の軋轢も目に付かず、また顕著な水環境の悪化が進行しているわけでもない、中下流の現状と比較すれば実に「不思議な」地域である。もちろん、その平和さは本地域に備わった本質的なものではなく、現在の歴史的条件が問題を顕在化させないでいる、と解釈するのが妥当であろうが。

ここで示すグラフは、甘粛省水文水資源観測局によって観測された扎麻什における黒河の流量を示したものである。一つは年間平均であり、一つは年間で最も流量が多い七月のものであるが、このグラフを見る限り、年毎の変動はかなり大きいものの、決して単純に減少あるいは増加というトレンドを見出しうるものではない。もちろん、すでに見たように、野牛溝における水環境の悪化を指摘するインフォーマントも存在するので安易な論断は危険であるが、地形上黒河最上流域の地表へ落ちた水は蒸発する以外、黒河の水となって中流へ流れ下るしかない。それゆえ、扎

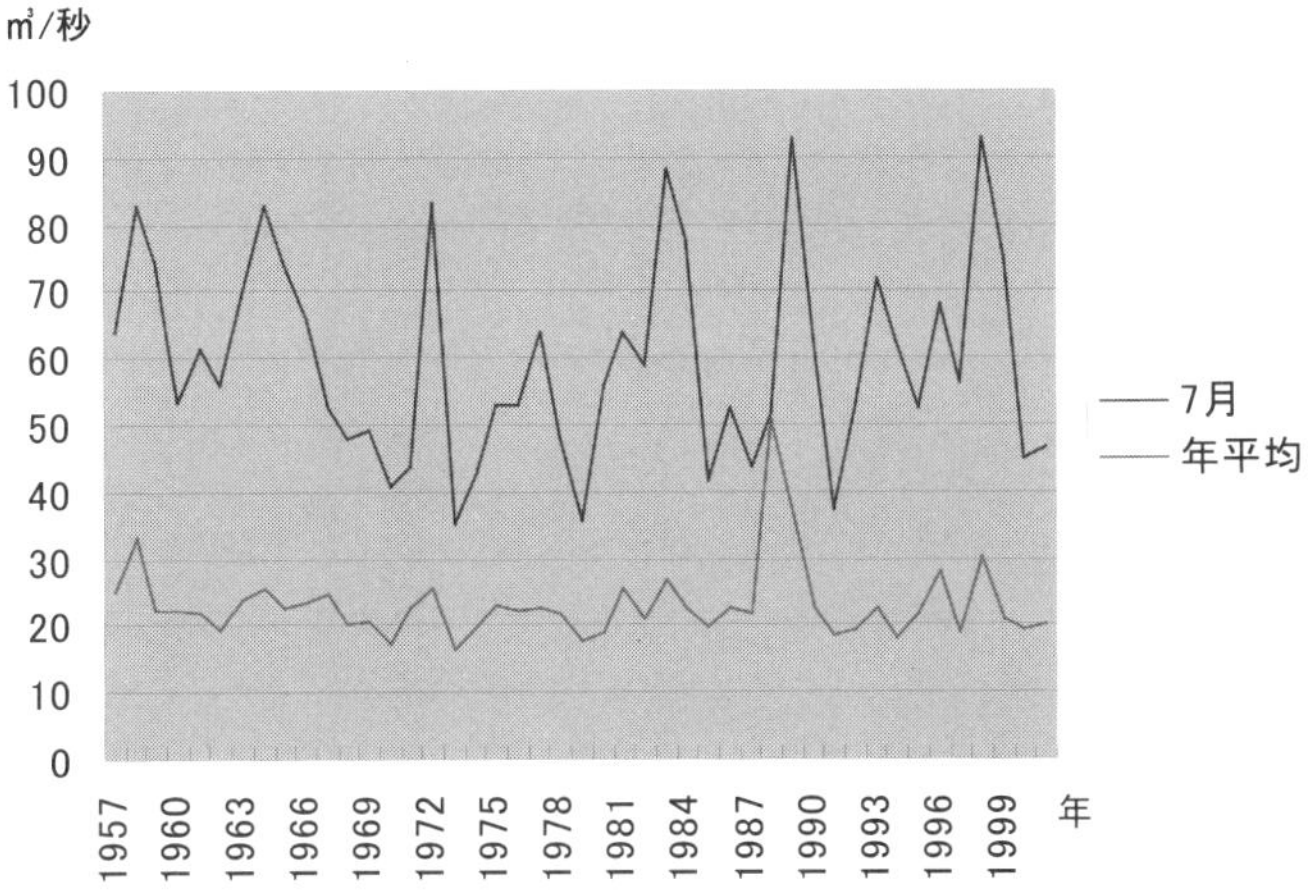

グラフ：扎麻什における黒河の流量（1957〜2001年）

麻什での年平均流量が五〇年前と比較して大幅な増減を示していない現状は、現地が人口増加という事実にもかかわらずそれなりの均衡を維持していると推量するだけの根拠たりうるように思われる。逆に、そうであるにもかかわらず、野牛溝の住民の中に乾燥化の認識が存在するとすれば、それはいかなるメカニズムによるものか、人間の認識という文化系的事象と、水収支のバランスという理科系的事象の両側面からより詳細に検討していくべき課題であろう。

また、現地で生態移民のような政策がとられていない背景には、単に環境ファクターのみならず、この地域が青海省でも「食糧生産基地」あるいは「水源涵養林」といった、移民の名目たりうる位置づけをされていない、という政策レベルでの偶然に負うところが大きいことも事実である。また、現地で採れる金や鉄などの鉱物資源開発による環境悪化が、明日にでも顕在化しないとも限らない。しかし、その点を差し引いても、本地域は黒河流域内において、人口支持力の範囲内で「川で生きる」とはどういうことであるかを示してくれる、現在では稀な事例ではないだろうか。もちろん牧畜を主とする地域と農耕を主とする地域では自給度に大きな違いがあることは認められるが、いずれの地域でも、自他に対する資源の枯渇をもたらすことなく生存を維持していることは共通するだろう。

むしろ本地域における潜在的な危機とは、住民がこの地での生活を社会的な文脈で「困難である」と認識し始め、人口流出に伴う過疎化が進行することである。現に、祁連山脈北斜面の粛南ヨゴル族自治県では、老年層および若年層の都市的空間への人口流出の兆しが見られる。本地域でこうした現象が発生すれば、それはとりもなおさず、一〇〇年前の無人状態への逆行を意味することになろう。

〝地域〟をつくる人々——甘粛省張掖地区の人口流動史

中村　知子

はじめに

本章は中国の西北部の乾燥地帯に位置する甘粛省張掖市及び粛南ヨゴル族自治県周辺を対象としている。張掖市は降水量が年間二〇〇ミリ前後（張掖市誌編修委員会編纂、一九九五、八〇〜八二頁）という乾燥域であり、対象地域の大半には木も生えぬ赤茶けた砂漠地域が広がっている。しかし砂漠に流れる一筋の河、黒河の周囲には緑が広がり、古から人びとの営みを支えていた。張掖オアシスは、その黒河の水のおかげでシルクロードの一つの街として栄えることが出来たのである。現在でも張掖オアシス内には多数の水路が張り巡らされており、人々はその水を利用した小麦やトウモロコシを中心とする農業を営んでいる。一方オアシス内から南方をのぞむと、砂漠の向こうには三、〇〇〇メートル級の山々、すなわち祁連山脈が延々と連なるのがみえる。

祁連山脈は青海省から続くチベット高原の北のはずれにあたる。その北麓の大半は張掖市の南部と接する粛南ヨゴル族自治県に属する。山中は起伏の激しい渓谷が続き、ところどころに森林も見られるもののその大半は礫砂漠である。その様な環境の中で、人々は河川近くのわずかに開けた土地に点々と集落を作り居住している。主に標高二、六〇〇メートル以上では山岳域の高低差を利用したチベット羊やヤク、ヤギを飼育する移牧が行われており、標高二、六〇〇メートル以下では農耕や牧畜が営まれている。

張掖市及び粛南ヨゴル族自治県はチベット族、ヨゴル族、回族、モンゴル族、土族、漢族など様々な民族が混住しているいわゆる多民族混住地域であるが、このような地域はどのようにしてつくられていったのであろうか。そのひとつの答えが、人々のライフヒストリーや生活誌の中でよく聞かれる「移動」というタームにある。本地域は東西のシルクロードと、チベットとモンゴルを結ぶ南北のルートがちょうど交わる地域にあたることもあり、古くから人の移動が激しい地域であった。すなわち商人や軍人が多数行き来したのである。しかし〝地域〟が出来た要因はそれだけではなかった。中華人民共和国が出来、大躍進、文化大革命、改革開放、そして最近の西部大開発などといった大きな歴史の流れの中で、人々は大なり小なりその影響を受け、時には生業を変え、変化に適応し生き抜いてきた。そしてその生き抜く術として「移動」という行為が多分に利用され、結果として現在の多民族混住地域に辿りつくのである。本文で説明する移動のケースを地図1に示している。地図を見ると、その実態が多様でかつ広範囲に及ぶことが分かる。

話はそれるが、このような広範囲にわたる移動の歴史は現地の人びとの「地域」観にも影響を与えている。すなわち彼らが指す「我々の地域」の範疇が、山岳域と平地とで微妙に異なるのである。張掖市郊外の農村での宴会中、粗相をした人に対し参加者の一人が「お前は山に行け！」と言い放った場面に遭遇したことがある。この言葉が表すように、平地の農民は〝山岳域〟を特別視し、「異郷の地」と位置づけている。それに対し、山岳域の人びとの指す「地域」は非常に範疇が広い。山岳域の人びとが示す「われわれの地域」には、少なからず平地の街や場所が含まれており、そう遠くないところに平原が位置づけられている。それは上述したように、様々な時代に様々な要因によりこの地へ移り住んだ人びとが数多く存在し、平原に縁を持つものも少なくなく、また日常生活においても平原と密接にかかわっている彼ら自身の歴史や経験が作り出す認識なのである。

そこで本章では、多民族居住地域を作り出し、はたまた人々の「地域」認識にも影響を与えている「人の移動」に関する事象に着目し、本地域の五〇年を描く。彼らの移住史、「人の移動」という観点から五〇年を描きなおしたとき、そこには山と平原という自然環境の異なる地域を舞台にした「人の移動」こそが、この地域の歴史、そして地域そのものを作り上げている実態が明らかになるだろう。なお、本書が歴史書であることを考慮し、出来るだけ歴史的時系列に沿った形での記述を試みるが、筆者の人類学を基本としたフィールドワークから得られるデータは焦点が「個人」にあるため、時代が前後している部分もあることをお許しいただきたい。

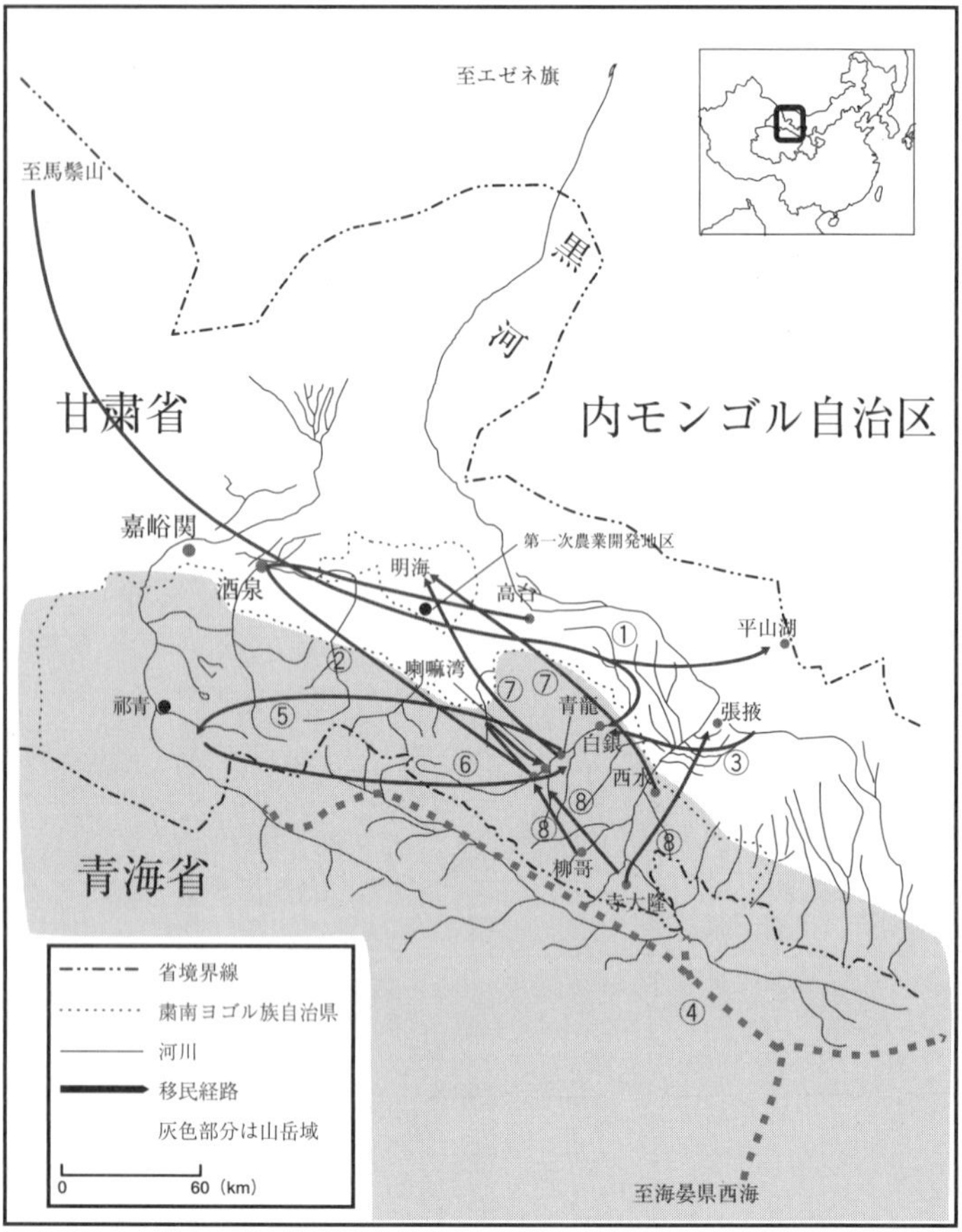

地図１　移民経路図（中村知子作成）

モンゴル国の動乱

張掖市から粛南ヨゴル族自治県紅湾寺へ向かう途中、とりわけ乾燥した地域に白銀モンゴル族郷がある。ここはその名の通りモンゴル族が多く居住している地域であるが、実は彼らは内モンゴル自治区の東部或いは青海省に住むモンゴル族とは出自が異なり、二〇世紀前半まで現在のモンゴル国に居住していた人びとである。彼らはどのようにしてこの地にたどり着いたのであろうか。

時は一九二〇年代半ばのモンゴル人民共和国設立時までさかのぼる。スフバートルとともにモンゴル人民党（後にモンゴル人民革命党になる）を結成したチョイバルサンは、一九二三年のスフバートルの死後人民革命軍全軍司令官に就任した。チョイバルサンは一九三六年から一九三八年あたりにかけて反対派勢力や仏教徒を弾圧したとして知られている。しかしここの牧民の話によると、独裁体制を築くチョイバルサンの政策はすでに一九三二年頃から徐々に強まっていったという。その影響を受け、一九三二年には六〇〇世帯、約三、〇〇〇人が現在の甘粛省にある馬鬃山へ逃れてきた。しかし、モンゴル人民共和国政府は国境を越えて馬鬃山まで彼らを追跡し、同年九月四日に約四〇〇人を殺害したのである。追われた人びとの大半は、馬鬃山を離れ、現在の粛北モンゴル族自治州、内モンゴル自治区エゼネ旗、張掖平山湖地区、粛南ヨゴル族自治県に分散したという。この混乱のさなか、冒頭に挙げた粛南ヨゴル族自治県白銀モンゴル族自治郷には、四一世帯が避難してきたのである（地図1、ルート①参照）。

現在この郷には六五世帯、二六〇人のモンゴル族が居住しているが、A氏もそのうちの一人でありモンゴル国のゴビアルタイ＝アイマクから逃げてきた人である。彼らのような移民はモンゴル国で牧畜に従事しており、当初は家畜をたずさえて逃亡していた。しかしその大半を避難の途中で失ってしまったというが、それでもやはり現在も牧畜業を続けている。現在A氏はヤギと少々のラクダを飼育しているが、二〇〇三年の旱魃によってラクダをかなり失っていた。しかしながらヤギから乳製品を作ったり、一年に一度の宗教的儀式である読経を、ラマを雇って行ったりと、移動前の文化的習慣が現在の生活からも垣間見られる。

いずれにせよ、政治情勢という不本意でありながらも避けられない理由から逃れる手段として、モンゴル族は「移動」をし、この地にたどり着いたのである。

戦後復興、大躍進時期の移動

モンゴル人民共和国設立、第二次世界大戦を経て一九四九年に中華人民共和国が設立されると、政治的難民とは異なる人の動きが生じてくる。社会復興とかかわりがあるとも言うべきその流れは、少数民族ではなくむしろ平地に住む漢族に波及した点に特徴がある。次にその当事者のライフヒストリーをもとにその様子をみてみよう。

B氏は粛南ヨゴル族自治県の県城（県の中心地、県庁所在地のようなもの）紅湾寺に程近い喇嘛湾郷に住む、現在六三歳の漢族男性である。彼には七人の子供がいるものの、末子の四男以外はすべて家を出ており、現在妻と息子との三人暮らしである。彼は自称「農民」ということで、二畝の畑に自家消費分の小麦（一・二畝）、ジャガイモ（〇・四畝）ソラマメ（〇・四畝）を育てて生活を営んでいる。しかしこれらの畑から取れる穀物はたとえば小麦が年間四〇〇キロとそう多くなく、世帯構成員の数が少ないことを考慮しても裕福なほうではない。現金収入は、県の電信局で働く息子の給料四〇〇元／月のみである。

そんなB氏は一九三三年張掖市の西部、高台市に生まれた漢族であった（地図1、ルート②参照）。若い頃から〝酒泉紅旗被服廠〟すなわち被服工場で働いていたが、一九四九年、B氏が一六歳のときに酒泉から、喇嘛湾へ移住してきた。中華人民共和国が出来て混乱が落ち着きつつあるこの時期、粛南県には服を縫う技術を持った人がいなかった。そのため県に呼び寄せられたという。確かに一九三〇年代中ごろ以降の祁連山中は国民党の馬歩蘇隊と紅軍の争いにより家畜、人口とも激減していたという（《裕固族簡史》編写組、一九八二、五三〜五五頁、六四頁）。B氏はさらに五九年には同じ粛南県の中の紅湾寺より二〇キロ北西に位置する「大河区被服廠（筆者註：公銷社とも言っていた）」へ移動し、大河でも腕を生かし裁縫の仕事に従事していた。しかし第二次五カ年計画が終わる六二年に、「精兵簡政（人員を削減し、行政を簡素化すること）」政策で工場の縫製員たちはリストラされ、彼も紅湾寺へ戻らざるをえなくなったという。その後彼はこの地で農民となり、現在に至っている。

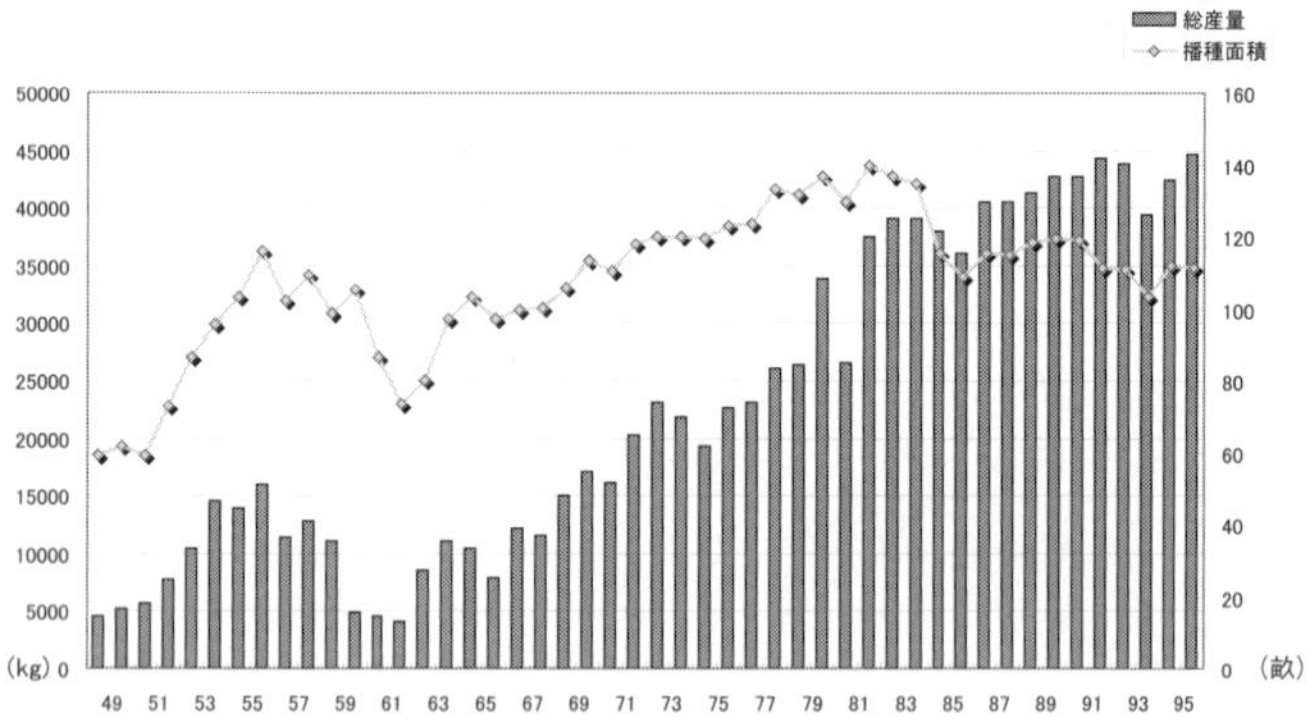

グラフ1　張掖地区小麦生産量及び播種面積年次変化

つまり彼は政治的混乱後の復興や建て直しのための人材配置の政策によって「移動」を強いられた一人である。このような例は教師などの専門職に多く見られる。

また、少し後の時期にはなるが、大躍進が失敗し文化大革命へと移っていく混乱期に当たる一九六五年に、張掖市の碱灘から教師の兄二人とともにO氏が、平地から山岳部への移動を経験している（地図1、ルート③参照）。彼は現在農業に従事しているが、このように漢族の農民が五〇年代に山岳域へ移住し農業を行っている例はいくつか聞かれる。この現象はこの時期の移動のもう一つの要因を示唆している。

それは移出地である張掖市側の事情である。グラフ1は、張掖地区[1]の小麦生産量と播種面積年次変化を示したものである。これを見ると、一九五七～一九六五年にかけて、小麦の生産量が極端に落ち込んでいる。

中国の統計に関し、正確さなどの問題を指摘する様々な見解があることも事実である。しかしこの時期の災害に関しては現地インフォーマントの証言のほかに、風害、旱魃、地震などの災害が次のように記録されている。

一九五七年（風害）四月四日瞬間風速四〇メートルの強風。被害農田五〇九畝。四月二八日も強風。

一九六一年（風害）六月一日七～九級の強風。

一九六二年（旱害）張掖にて重大な自然災害が発生。春は雨が無く、虫害と乾燥した熱風も起こり、穀物産量が大幅に減少。

（地震）七月一一日張掖：三・七級

一九六五年（旱害）乾燥、熱風などの災害。甘浚、安陽、沙井、党寨、上秦、廿里堡、大満、小満公社の二六一箇所の生産隊が被害を受け、四〇四・七七キロ減産。

（張掖市誌編修委員会編纂、一九九五、一〇一～一〇三頁）

そのため統計の数値はともかく、生産量の変動傾向に関しては、ある程度信用できるものと考えている。

小麦はこの地域の人々の主食であり、この年代には、農業や農民がかなりのダメージを受けていたことが推測される。さらに、近年でこそ張掖地区の小麦生産量は換金作物（主に種用のトウモロコシ）生産におされ減産傾向にあるが、一九七〇年代後半までトウモロコシはほとんど生産されず小麦が生産の大半を占めていた。そのことを踏まえると小麦の不作は農業全体、そして農民自身に相当なダメージを与えるものだったと推測できる。災害により、より水を利用しやすい上流域へ移動するという傾向も、移動の背景にはあったと考えてよいだろう。

このように、政治的混乱後の復興や建て直しのため人材を配置する手段としての「移動」と、自然災害という避けられない外的要因から逃れる手段としての「移動」が、平地から山岳地帯へというベクトルで見られるのがこの時期の特徴である。

大躍進の残影から導かれた移動——強制移住と適応型移住

一方その頃、祁連山脈の南麓側では上記とは異なった理由による人びとの大移動が起きていた。それは青海省海晏県西海鎮に核実験施設（現在の〝原子城〟跡に相当する）を創設することに伴う強制移住、通称「大搬遷」と呼ばれる事態であった。西海鎮付近に住むチベット系牧畜民は移住を余儀なくされ、北上して黒河流域へ向かい、粛南ヨゴル族自治県と青海省の境界付近、現在のトーライ牧場、八宝河付近（いずれも当時は粛南県）、皇城区（当時は青海省）までたどりつくのである（地図1、ルート④参照）。

一九五八年六月から七月にかけて、青海省祁連県の牧畜民が黒河を超えて粛南県側へ大量に移動し、玉突き式に住民が移動するという事態が起きた。この問題は両省の境界線問題へと発展し、同年一二月に《関於解決與青海辺界問題的安排和有関問題的請示報告》が出され、甘粛省と青海省の間で土地交換を行う形で事態収拾が図られた。しかし牧畜民レベルの移動や摩擦は一九六三年ごろまで収拾がつかず、結果的に一九五九年から一九六二年の間に粛南側の七、〇〇〇人弱の人々が様々な場所へ移住をしたという。

現在青龍郷にすむインフォーマントからもこの時代の話を聞くことができた。彼の話は「大搬遷」の時代の移動にとどまらず、その後の文化大革命時代から現在にまでつながるものであった（地図1、ルート⑤、⑥参照）。

〝大搬遷〟の際に、祁連県から一〇世帯くらいのチベット族が青龍郷に移住してきたんだ。実は現在青龍郷の草原は祁青チベット族郷にもあり、[2]八世帯二〇数名がそちらに住んでいる（現在青龍郷中心部に住んでいるチベット族は二世帯）。この祁青の草原は青海省から粛北モンゴル族自治県まで地理的に一つの流れで捉えられる場所であり、放っておくと青海や粛北から牧民が入ってきて放牧してしまう。祁青郷は草原は大きいが人が少ないので、一九七〇年代後半から一九八〇年頃までにかけて青龍の生産隊が牧民を派遣したんだ。彼らのヒツジは元々そう多くなかったが、草原の質が良いので改革開放以降数が増加し、今では一世帯あたり平均でヒツジ一、二〇〇から一、五〇〇頭を飼育するまでになっている。

写真１　祁連県側の風景

写真２　粛南県側の風景

「大搬遷」時期に移動してきたチベット族と、一九七〇年代後半に移動した人々の関連性に関する明言はえられなかったものの、祁青郷がチベット族郷であることや、現在青龍郷に残っているチベット族の世帯数から考えても、関連性のある世帯である可能性は高い。それは地形的適応性の面でも理に適っている。というのも、「大搬遷」の際に移動してきた人々の転出地である祁連山脈南部は、標高も高く河谷平原が広がり比較的大規模な牧畜を行うことが出来る（写真1）。

一方青龍郷が位置する祁連山脈北麓は、標高二、〇〇〇～二、五〇〇メートルに位置し、狭い河谷に山が迫る地形であるため（写真2）人びとは小規模の農業と牧業を組み合わせる方式を採用している。それに対し祁青郷は郷政府所在地の標高でさえ約二、九〇〇メートルあり、牧草地はそれよりも高い所にあり、なによりも祁連山脈南麓に位置する。一般的にこの地域では、「海抜二、六〇〇メートル以上は牧民の割合が高く、高度が下がるにつれ農民の割合が増える」と言われているが、この面から考えても高地牧畜に慣れているチベット族が派遣された可能性は高いだろう。このように、歴史的事件による強制的な「移動」が、後の日常的な牧地争いという〝当地の問題〟を解決する際の糸口となり、適材適所的に人を配置する手段として「移動」が行われたと解釈できる。

開発の時代へ——文化大革命末期から

文化大革命が終わりに近づく一九七〇年代後半から、徐々に生産性を高めるための基盤を整えるといった、いわばその後の開発政策に続く兆しが見えてくる。近年「生態移民」、すなわち牧畜民を開発村へ移住させ畜舎飼育を行わせる強制的な移住政策が大きく取り上げられているが、粛南ヨゴル族自治県周辺においては一九七四年の段階で農業開発区が作られ、ヨゴル族の移動が試みられたという。ただし、この移住政策は山岳域の牧畜民を対象としたものではなく平原部に住むヨゴル族を対象としたものであった。この第一次移住政策の意図はフィールドワークでは明らかにならなかったが、彼らは開発区でラクダ隊を形成し、荷物の運搬などを行っていたそうである。しかし結果的に交通手段としてのラクダの必要性が自動車に取って代わられ、さらに井戸が壊れたため水の確保が困難になり、開発区の移民は元の場所に戻ったという。

しかし一九九二年、貧困から脱することを目的とした移住政策が再度取られることとなり、新たな国家農業総合開発区が明花区明海郷に設置された。この開発区には、二〇〇〇年までに黒河中上流域から約三〇〇世帯が移住しているという（マイリーサ、二〇〇四、六〇頁）（地図1、ルート⑦参照）が、本章の対象地域においても青龍郷や西水チベット族郷にて移民の話が聞かれた。青龍郷の場合はもともと農民であった人を開発区へ移動させていた。一方西水チベット族郷では近年水不足により自然環境が芳しくなく家畜も減少したため、貧しい牧畜民を移動させていた。彼らは二〇〇三年までは世帯の一部が移動する形態をとっていたが、環境保護政策を基にした「生態移民」が数多く実施されるようになった二〇〇四年には、「生態移民」として世帯全部が開発区へ移動していた。

このように開発政策、環境保護政策などといった政策による強制移住により、山から平地への移動が近年見られる一つの流れである。

インフラ環境に伴う移住

これまで取り上げた移動は生業の変化を伴う比較的大きな、しかも半強制的意味合いを含むものが多くを占めていた。しかしここ一〇年近く、自発的意味合いが強い移動も頻繁に見られるようになっている。その大きな要因としては、移動が困難な山岳地帯ゆえ、インフラの整備が整い難いことが挙げられる。D氏、E氏のケースを見てみたい。

D氏は妻、息子夫婦、孫の五人で粛南県紅湾寺に居住している（地図1、ルート⑧参照）。D氏はもともと粛南県紅湾寺から南東に約五〇キロ離れた楊哥郷の信用社の元主任であった。定年以後、三年間牧畜に従事し、その後紅湾寺に家を買って移動してきたとのことであった。E氏も同様に楊哥郷の住人であったが、一〇年前にあたる一九九三年に紅湾寺へ移住してきた。両インフォーマントは移住理由を次のように語っている。

楊哥には医者もいないし、子供も学校に通うためここ（筆者注：紅湾寺）にいる。楊哥は交通の便も悪いので、ここに家を買って移り住んできた。楊哥から出てきた人は、一般に生活条件の問題で移住した。

実際、紅湾寺から楊哥郷まで道路が延びたのは一九八二年のことであり（甘粛省粛南裕固族自治県地方誌編纂委員会、一九九四、一七二頁）、また現在でも粛南県の中で唯一有線電話が通じないなど、格段にインフラ整備が遅れている地域である。彼らは紅湾寺に住んでいるため、直接的に牧畜を行うことは出来ない。そのため、今なお楊哥郷に所有している草原にて〝人を雇う〟という方法で牧畜を続け、次のように生計を維持しているのである。

E氏に雇われている雇用人は、妻、娘とともに一年を通し、楊哥郷にて牧畜を行っている。もともとE氏が住んでいた家に無料で住んでおり、さらに月三〇〇元の給料を得ている。牧畜形態としては、雇用人とE氏の家畜をまとめて放牧し、羊毛は両者が均等に配分している。一方生畜に関しては春に生まれる子羊や子牛などは、E氏四割、雇用人六割の割合で分配し、それぞれ利益を得る方法を採っている。また、牧草地を囲う垣根や税金、防疫用の薬品はE氏が負担し、それ以外の薬品及び飼料は雇用者が負担をする、と明確に分担が定まっている。

このように、教育施設や病院などの有無により、労働力になり難い老人や子供がより設備の整った街に住むという構造自体は他の牧畜地域でも良く見られる。しかし本地域の場合はその傾向が特に強く、牧畜従事者が世帯構成員の一部ではないことすら多い。もともとこの地域の牧畜は高低差を利用する移牧であるので、夏、秋は郷中心とは離れた場所に移動する。そのため結果として、夏秋には郷中心にほとんど人がいなくなる状況が生まれている。楊哥郷の別の村、寺大隆村の一二世帯も同じような理由で張掖市に家を買い、老人と子供を住まわせており、インフラや設備を求めるため手段としての「個人的な移動」も一つの近年の大きな流れとして捉える必要がある

おわりに

このように本章では粛南ヨゴル族自治県の様々な人びとの「移動」に関する事象を取り上げる

ことにより、五〇年間のこの地域の動態を明らかにした。そこでは政治的な動乱、そして開発や環境保護を目的とした政策、そしてインフラを求めるといった様々な要因により、人々は山と平原を行きしている実態が明らかになった。その大きな流れは文化大革命を契機に二つの流れとして捉えることが出来るだろう。

文化大革命前までは、モンゴル国の動乱や山岳地域の生活基盤を支えるために、平地から山岳部へというベクトルが主に見られる。さらに、大躍進期の核実験施設の建設のために粛南ヨゴル族自治県には更なる人口増加が起こっていた。さらに張掖郊外の災害も粛南ヨゴル族自治県に更なる人口流入をもたらしていた。このような事象は、外敵から逃れやすく、平野部よりも利用しやすい水資源といった、個人にとっては好条件であった地理、自然環境が導いたものであった。まとめるならば粛南ヨゴル族自治県すなわち山岳域に人口が流入していった時代なのである。

しかしながら文化大革命が終わり改革開放期に入る一九八二年以降、「生産性を高める」「環境を保護する」といった、国や地方政府が掲げる大きな目標のもとの強制的な移住が目に付くようになる。その象徴的事象が、今日様々な学問分野で注目されている「生態移民」である。このような政策の結果、本地域においては山から平地へという、いわば文化大革命以前とは逆のベクトルで人々が移動するのである。しかしながら忘れていけないのは、それと同時期に起こる、強制的ではない、教育や病院といった発達したインフラ整備を望む「個人的な希望」により山を下る人々の流れの存在であろう。

　このように人びとは、その時代その時代の様々な要因に合わせ、彼らにとっての「適切な場所」を常に移動し、生き抜いてきた。入り組んだ山岳地帯は、時には敵から、時には災害から「逃れる場所」として利用され、「移動」という行為がその場所を意味づけてきた。そこには常に山と平原とのつながりがあったのである。しかしながら今日の「生態移民」やインフラを求めた個人的な移動により人びとは次から次へと山を下りている。さらに「封山育林区」や「自然保護区」が山岳域に設置され、人びとが生きることが出来る場所としての山岳域は少なくなっている。すなわち、山と平原のつながりが消失しつつあるのである。これは長い歴史の流れから見ても大きな分岐点であるだろう。

　平原のみが「人の生きる場所」となり、生き抜く術としての「山と平原の移動」を失っていくこれから、人びとは様々な事柄にどのように対処しどのように生き抜いていくのであろうか。

注

（1）「張掖地区」とは、山丹県、民楽県、張掖市、臨沢県、高台県の総称である。

（2）後に確認したところ、行政上は祁青郷であるものの、事実上青龍郷が使用しているという意味であった。

参考文献

甘粛省粛南裕固族自治県地方誌編纂委員会、一九九四、『粛南裕固族自治県誌』蘭州、甘粛民族出版社

中村知子、二〇〇五、「生態移民政策にかかわる当事者の認識差異——甘粛省粛南ヨゴル族自治県祁豊区A

郷における事例から」（小長谷有紀・シンジルト・中尾正義編『中国の環境政策　生態移民』昭和堂）
マイリーサ、二〇〇四、「黒河中流域における人間活動と水利用――粛南ヨグル（裕固）族自治県明花区の事例」（『オアシス地域研究会報』第四巻第一号、五三～七一頁）
《裕固族簡史》編写組、一九八二、『中国少数民族簡史』蘭州、甘粛人民出版社
張掖地区粮食志編纂領導小組、一九九九、『張掖地区粮食志』蘭州、甘粛人民出版社
張掖市誌編修委員会編纂、一九九五、『張掖市誌』蘭州、甘粛人民出版社

黒河中流域住民の自然認識の動態

シンジルト

はじめに

気候変動（地球温暖化）を含む環境問題への注目が高まる現在において、人為的な要素が重要な位置づけを占めている。ここでいう人為的な要素とは、産業革命以降の二酸化炭素の大量放出に限るものではなく、人間活動のあり方一般まで指す広義なものである。

いかなる人間集団も、身の周りの自然環境に対してある種の働きを行い、特定の生活様式を紡ぎだし、それを維持していこうとする。こうした傾向は該当集団の自然認識に反映される。おのずからあるものである「自然」と、その「自然」とのかかわりにおいて存在する人間自身に対する認識が自然認識だとすれば、その自然認識は、決して「静的」なものではない。むしろさまざまな要素が複雑に絡み合いながら、ひとつの社会文化現象として変化していく「動的」なものである。こうした変化を促す重要な要素のひとつに国家の施政が挙げられる。

　本章は、黒河の水をキーワードに人と自然との関係に焦点を当て、中流農耕地域住民の世代間にみられる自然認識の変化を辿ることを通じて、当該地域の近代史の一側面を描き出すことを目指す。本章で用いる基本データは、二〇〇四年八月から九月、二〇〇五年二月から三月にかけて、臨沢県の板橋鎮・板橋村、高台県の羅城郷・天城村、金塔県の鼎新鎮・双樹村において行った調査によるものである。

移民の意識

　黒河全域総人口の絶対的多数を占めるのは、既述した三県を含む中流域農耕民であり、その圧倒的多数が漢族である。彼らが話す漢語（方言）に、トイレに行くことを意味する「解手」という語がある。解手は彼らが自らの地域の事柄に言及するコンテクストにおいてしばしば登場するキーワードの一つであった。

　まず彼らは、自分が明朝時に山西省大槐樹からきた移民の末裔だと説明する。この地域に古代遺跡が多いのは、当時の将軍たちが戦勝で得た財宝を途中に埋め隠しておいて、故郷に帰るときに持ち帰ろうとしたもので、それが、彼らが戦死したため残されたものだと言う。そして、それらの移民の中に受刑者も大勢いたとされるため、自らのことを罪人の末裔という者もいる。「手錠」という言葉で先祖を比喩する人もいる。長い間手錠を掛けられてきたため、背中に腕を組んで歩くことがこの土地の人の癖になっているともされる。

その上で、彼らは、自分たちがなぜ、トイレに行くことを「解手」というかを説明する。文字通りの解手の意味は、手を解き放すことだが、トイレに行くことを意味するに至ったのは、山西省から甘粛省に連行されてきた先祖たちをめぐる言い伝えと関係する。逃げ出さないように手錠をかけられていたため、先祖たちは用を足すときだけ両手を解放してもらえた。最初は「すみません、トイレに行きたいので、手を解き放ってくださいませんか」と頼んでいたが、やがて頼まれる側も「手を解き放ってください」というだけでその意味を理解するようになった。さらには「解手」というだけでも通じるようになった。そして目的地に着いた後、「解手」という言葉が定着したという。

このことから、住民たちが先人の特殊な経験を自らの日常的な言語活動に投影させていることが考えられる。また、現在三県の基盤は、主に明朝以降、山西省の洪洞大槐樹に象徴されるような中国内地（中原）からの移民によって構成され、安定してきたとも考えられる。

手錠や罪人などの表現で自らの歴史を説明することに住民は特に戸惑いを見せない。被強制移民としての被害意識がないとは断言できない。しかし、中原政権が当時から一九九〇年代まで移民奨励政策を推進してきたことを考えると、彼らは移民の先駆者としての先祖に誇りを持つ可能性がある。いずれにせよ、当時の移民は単なる開墾だけではなく、目と鼻の先にあった遊牧民族との争奪の中でオアシスを守ることも重要な仕事であった。従って、解手という言葉が生れた時期において彼らは、中原政権の被害者であったかもしれないが、その後の数世紀の生活においては、遊牧民族から農地を守るという目的においては中原政権と立場をひとつにしてきたといえよう。

農牧拮抗の地

黒河上流のチベット族やヨゴル族牧畜地域、そして下流のモンゴル族牧畜地域をみてきた筆者は、中流農耕地域の「景観」のあり方に新鮮なものを多く感じた。内地並みの大型の都市や大規模な灌漑施設そして大量な人口など「社会景観」はもとより、地域の「自然景観」の一部ともなっている明長城や烽火台など遺跡の多さに驚きを感じた。

こうした遺跡に関して、三県の住民の間で何らかの知識を共有する。たとえば、臨沢県板橋郷には仙姑廟という寺院がある。漢の時代、将軍霍去病が、匈奴との戦いに負け、撤退したとき、黒河で浮き橋を見つけた。橋の上には、ある女性が手を振っていた。この橋のお陰で、漢軍は逃走できたが、匈奴軍が到着したときに橋は消えてしまった。この橋は後に現在の「板橋」の名の由来になったとの言い伝えがある。地域の人が、その女性を記念するために、廟を建てて、仙姑廟となった。後に匈奴は寺を燃やしたが、そのせいで匈奴の草原が蛇だらけになったため、匈奴は廟を再建し、草原は回復したとされる（劉愛国、二〇〇三、四七～四九頁）。さらに、仙姑廟は明朝時に中原政権を脅かしていたオイラド・モンゴルの軍勢をも撤退させた神秘的な力を持つという物語もあった（張志純ほか、二〇〇二、三二～三三頁）。この廟は解放後、封建的な迷信とされ、一九五二年土地改革運動で破壊され、その建材で人民政府の建物が建てられた。一九八〇年代後、当の廟が復活し、モンゴル人も布施をしたという。

さらに、黒河という川の名称自体も、それは霍去病が匈奴との戦いに勝ったあとつけたという伝説があるようだ。ある日、城にいた霍去病は匈奴の大軍に包囲された。脱出の方法を考えている間に寝てしまったが、夢のなかで、黒い顔をした巨人と出会い、そこで秘策を授けてもらった。翌日、霍去病は部下とトンネルを掘り、脱出に成功した。その直後、彼は城外に流れる川の水をそのトンネルの中に注入した。他方、城下で数日も待った匈奴軍が、つい我慢できず城に突入したところ、漢軍が一人もいなく、だまされたことを知った。匈奴軍が入城したのを見て、霍去病は城門を閉めた。トンネルを見つけ、その入口を開けてしたまった匈奴軍のほとんどが、逃げる場所もなく城内で溺死した。漢軍は勝利した。夢の中で出会った黒顔の恩人に恩返しするため、霍去病はその川に、「黒河」との名をつけたという（張志純ほか、二〇〇二、二六一～二六二頁）。

また、高台県天城村には正義峡という堰がある。昔、正義峡あたりは、険しい石の山々の中にあり、水がたくさんたまっていたため、「石海」という名を持っていた、つまり海だった。大禹治水のときに、正義峡一帯を刀で切り開いたので、たまっていた水が流出し、現在の地が現れたという。そのため、天城村の近くの山に「禹王廟」という寺が建てられた。元来、「正義」は、「鎮夷」であり、蛮族である夷を鎮めるという意味だったが、解放後現在の名に修正されたという。正義峡は、農耕と牧畜の境界線であったとされてきた。その上の流域は農耕で、下の流域は牧畜であった。農耕の拡大によって、現在では下も農耕地域になっている。

正義峡を下れば、金塔県の鼎新鎮地域がすぐ目の前に現れる。今、鼎新鎮地域は「毛目」と俗称されているが、一九二八年まで「毛目」は当該地域の正式な行政名（毛目県）であった。外部から「毛目」と呼ばれ、そのように自称もしている鼎新の住民たちは、毛目の意味をほとんど知らない。聞かれたら、昔は匈奴（つまりモンゴル人）の地だったから、そう呼ばれるようになったのではないかという。

上記のような経緯で形成された中流農耕地域はやがて、「島流しの地」から「穀倉」に変化していく。甘粛省東部中部の乾燥地区から移民を多く受け入れてきた。とりわけ一九八〇年代、被災民を多く受け入れた。二〇〇五年筆者が調査していた時、臨沢県・鴨暖郷には、五四世帯の移民村があり、乾燥した土地でたんぼを切り開いて、ポンプで地下水をくみ上げて農耕を営んでいた。

社火の変化

中流地域と内地とのつながりは、住民たちが実践している芸能の側面にも現れている。最も広く伝わっている地域の伝統的な芸能といわれるものに、「社火」がある。

社火は、もともと土地の神そして龍に対する崇拝を表すため生まれた儀礼である。社劇ともいう。語源的に、「賑やか」の意味からきたといわれる。用水路を管理する農官が組織する六八人編成のチームが演出する。顔の隈取や衣装からその役目を観客が知るが、メンバーはひたすら無声で、踊りを披露する。賑やかに踊っている間に、農官が観客に挨拶する。同時に、膏薬匠というおしゃべりの人が登場し、会場を守ったり、進行を指揮したりする。

毎年、初めて土地に鋤《スキ》を入れるとき、鋤の入ったところに、一種の紙銭を捧げ、その土地の神や山の神様を喜ばせる。時期的には旧暦の啓蟄である。この時、社火などの儀礼的な踊りも披露される。そして社火を行う初日は、龍王廟、土地廟、山神廟に行って、紙銭そして饅頭や桃など食べ物を捧げて、挨拶するのが正しい手順だとされる。

文化大革命（以下、文革）を経て、こうした決まりが徐々になくなり、特に決まった時間がなくおおよそ旧正月五日から一五日の間に行われるようになってきたそうである。また、目的として神や龍を喜ばせるためではなく、金儲けのための社火も現れ、家を新築した農家の庭の中や企業工場の前で踊るなど時には報酬がらみの問題で、トラブルも生じているといわれる。

迷信の排除

他方、社火以外の地域の慣習として旧正月前後に、殺生をめぐる制限もあるようだ。例えば、旧暦一二月二三日から一月一五日までは木の伐採を含むすべての殺生は禁止されており、それは、神々が人間界に来て旧正月を過ごす期間中だからという。この期間を除けば、猟に関する制限は特になく、また、猟の対象もその年齢や種類にとらわれないようだ。そのため、人々はしばしば「狐の肉以外は、食べてはいけないものはなく、食べないのは、宗教団体に入っている人だけだ」と言う。殺生に関して、筆者は高台県で、彼らに近いヨゴル族地域の慣習にみられる季節的な制限や緑樹と幼い動物などをめぐるタブーの存在について話をしたことがあった。そこで、天城村の元書記長は次のように感想を述べた。

我々が内モンゴルに行ったら、なぜ嫌がられるかというと、我々は、乾いた木にしても、湿った木にしても、関係なく伐採していたからである。いまはほとんどなくなったが、昔（一九七〇年代末まで）は内モンゴルに行って（砂漠に自生する灌木の一種である）梭梭も伐採していた。とにかく、我々のところでは、迷信を信じる者は少ない。

彼は、少数民族地域の内モンゴルでの経験を持ち出した。彼の話は、「少数民族の慣習は迷信であり、自分たちのはそうではない。我々がそういった認識を持つため、少数民族に嫌われた」と纏められよう。野生の動植物に対してだけではなく、中流域では、川の水をめぐるタブーといったものがほとんど見当たらず、黒河を人格化したりするような伝説も聞かなかった。

他方、昔は、新年初めて井戸水を使うときには、揚げ菓子などを井戸の中に入れ、井戸の神様を祀るようなしきたりがあったようだ。また、毎年初めてたんぼに水をやるときに、用水路の源で紙銭を燃やしたりして、水路を祀っていたという。ただし、このしきたりは、解放以降とりわけ文革以降は封建的な迷信だとされ、基本的になくなったと言われる。

このように、獣・野生樹木・河川水と同じく「迷信」とされてきたものの、井戸水や用水路などに対する一定のこだわり（禁忌視する態度）は過去においてあったことが確認できる。もし後者の用水路や井戸水といった人工物を、彼らにとっての「近い自然」領域とみなすことが可能であれば、類似するこだわりはほかにもあったそうだ。例えば、石臼を汚してはならず、寺院（の遺跡）に勝手に触れてはいけないという。これらを犯したら、災いを呼び、足が痛くなったり、ホコリが目に入ったりして、簡単には治らなかったと言う。その場合めかんなぎ（巫）に頼んで、厄払いをしてもらっていた。場合によって、病因があるとして家具や服などを燃やすようにめかんなぎに指示されていたそうである。

こうしたこだわりは、六〇代以上の年齢層には伝わっているようにみられるが、文革を経験した彼らも、めかんなぎを公に認めることに慎重であった。こうした年配世代とは異なり、文革前後に生まれた若い世代の多くは、めかんなぎのことをはっきりと「迷信」の領域に分類し、「巫婆」と蔑称する傾向がある。

自然の領有

解放まで天城村には仏教と道教の寺廟が多く、城内面積の三割が寺院に占められていて、そのほとんどが明の時代に建築されたものであった。その中でも、仏教系列の普済寺、香山寺、道教系列の玄帝廟、城皇廟などが有名である。解放後の一九五〇年代から文革にかけて、その多くが破壊された。普済寺も城皇廟も一九五〇年に取り壊された。これら以外のたとえば関帝廟、文昌宮、馬王廟なども取り壊された。そして、文革時には、文物の破壊がエスカレートした。一九五〇年代にほとんど取り壊された寺廟から流出した文物も徹底的に焼かれた。当時のスローガン「破四旧」(1)の破壊対象は有形のものに限らなかった。民謡も、社火も、宗教信仰も迷信だとされ、禁止、破壊の対象だった。

破壊された寺院の木材は、建材として県の中心地の建築に使われた。城壁もわずかにしか残っていない。破壊された建築物の廃墟の土を自分の畑に運んでいる若い世代の村民を、筆者も見たことがある。説明によると、これらの古い建築物のなかに長年蓄積した栄養質が耕地の肥料として最適であると考えられているようだった。

では、もとより、こだわりの対象にはほとんど登場しない野生樹木など「遠い自然」領域が、文革やその後の時代に、どのような扱いを受けていたのか。中流域では、「胡楊」（ポプラ）という名で広く知られる野生樹木を、「胡桐」と表現する。高台県の人々の話によると、正義峡あたりに胡桐がたくさんあった（約二〇〇〜三〇〇畝）。一九六九年、天城村（当時は「大隊」）の長が村民を組織して、それらをほとんど切り倒し、小麦などの耕地にした。そして一九七〇年代に入り、桃、梨、林檎など果樹が植えられたため、桃源郷とも言われていた。一九九〇年代は果樹も切り倒し再び耕地にした。そして現在は綿を植えているという。この他、天城村は近年（一九九〇年代末）、さらに百畝くらいの荒地を開墾した。そこにあった天然の赤柳を倒して燃料にしたという。

人間の活動範囲は、それらが所属する行政地域にとどまらず、さらに省の境界線を越えて、物理的に遠い「遠い自然」領域へと、その影響を及ぼしていったようである。中流の三県ともにそうだが、村を囲む山のほとんどが禿山で、夏でもそうであった。降雨量が少ないというのが理由のひとつだという。

昔から燃料がすくない天城村の人々は、薪を取るため馬車を使って、内モンゴル自治区領内のバダンジリン砂漠の奥地に入っていた。そのころのバダンジリン砂漠には、梭梭が多かった。ほかの木より硬くて大きいため、燃料として最適と判断されたようだった。当時、支援策として大隊は、牛車や馬車を配備していた。家族の規模によって、配備する回数も異なった。大家族は小家族より配備してもらう回数も増えていた。一般には五〜六人で行動する。また、経験者の記憶によると、砂漠の中には野生の羊が多かった。当時、大量に捕殺したため、今になっては、ほぼ絶滅したとされる。

これは前項に登場した元書記長の語り、「我々が内モンゴルに行ったら、なぜ嫌がられるかというと、……我々のところでは、迷信を信じる者は少ない」にも反映されていた。

以上述べてきたように、一九五〇年代から一九九〇年までのいわゆる「政治第一」や「経済第一」のイデオロギーに支配された時期における自然環境の変化は、「人為」によるところが大きい。野生の動植物や河川など「遠い自然」にまつわる禁忌はほとんどみられず、「迷信」と一蹴されてきた。それに比較して、用水路・井戸・寺院・石臼など「近い自然」に対するこだわりはある程度みられた。

だが、若い世代は、それも「迷信」と捉える傾向をみせた。政治第一の時代に生まれ、経済第一の時代を経験する彼らは、先人が内地から持ち込んだこだわりを「迷信」とする以上、少数民族の慣習についても例外ではない。

歴代の政治運動やイデオロギー教育宣伝によって幾重にも強化されてきた「迷信の排除」という社会実践がもたらしたのは「人為の崇拝」とでも言うべき社会事実である。

水分配のルール

水不足による黒河下流域の砂漠拡大や黄砂の発生などに代表される環境問題を解決するため、国家によって推進される黒河の水を配分する「分水事業」（黒河水量調度）が二〇〇〇年から始まった。この事業を、中流域の立場から言うと、これまで農業のために黒河から汲み上げていた水の量を減らし、それを下流地域に流すということになる。

金塔県の鼎新鎮・双樹村に王大爷という猟師がいた。彼は、野生の羊から狐やウサギまで、殺さないものはなかった。解放後、狼退治キャンペーン(3)にも貢献したことで有名人になった。同じ村には、王三爷という人もいた。彼は、在家修行者で、猟などを一切しない者だった。しかし、王大爷は八九歳と長寿だった。それに対して、王三爷は五九歳で亡くなり短命だった。対照的な二人の人生をアイロニカルに「本来なら命を奪った罪ある人間が先に死ぬはずなのに、実際はそうではない」と語る人々は多い。

因果応報説を安易に信じれば、王三爷のようになってしまうかもしれない。それより王大爷に学び、現世を大事にするのがよい。つまり、仏教などの宗教を単なる「迷信」として位置付ける意味も含まれている。

現地においては今、殺生と修行のどれも行われていないようだ。国家の銃規制法や野生動物の激減などのため殺生は物理的に不可能になっている。他方、「人為の崇拝」によって、宗教信仰は「迷信」の領域に追いやられており、修行もほとんど現実的ではない。

その代わりに、「人は天に打ち勝つ」との言葉を残した毛沢東を信じる若い世代は多いようだ。例えば、双樹村のA氏（四二歳）は言う。

昔二月二日龍台頭の日に散髪する慣習があった。最近はみなに無視されている。忙しいため、社火も最近あまりしないし、四月八日の廟会もいかない人もいる。今の人は、むしろ毛主席のいう「不設社、不叩頭、不敬神」を信じている。

信仰や修行と無関係に、生計を立てることは、こうした若い世代にとっても無論重要である。黒河によって成り立っている灌漑農業を生計の基盤とする彼らにとって、河川水は重要な資源である。その貴重性を一層実感するようになったのは近年のことである。

二〇〇〇年、当時の首相朱鎔基の後押しで「黒河流域管理局」という専門機関が設立され、「黒河主流調度管理暫定方法」という実質上法的な規制力のある規定も通過することで、分水事業が正式にスタートした。当年、黒河最下流地域の内モンゴル自治区エゼネ旗に六・五億立方メートルの河川水が分配され、数十年振りに黒河の水を見た下流域のモンゴル人たちは大喜びしたとされる（李丹、二〇〇一）。

他方、このことは中流三県の用水量の減少と水費の値上げを意味する。三県の中で最もエゼネに近い金塔県鼎新鎮の住人の感想はより切実である。B氏（男、三九歳）はいう。

八月一日から翌年の一月まではエゼネのもので、一月から七月三一日までは金塔のものだ。エゼネには水が多いけど、我々には不足している。いくら不足しても、黒河の水は使わせてもらえない。酷すぎる。すべてが、兄弟民族のものになってしまうのだ。黒河の水に頼っている人間の数は、張掖・臨沢・高台そして我々のほうが、圧倒的に多いのに。なぜ、七月以降は、兄弟民族の牧草のためだけに使われてしまうのか。

彼の説明によると、綿などの収穫時期は一〇月で、八月以降の水需要も大きいという。彼にとって、いま水が不足しているのは、水が管理されたため、つまり黒河の水が兄弟民族のものになってしまったからというわけである。彼のような認識を持つ人は多かった。彼らにとって、二〇〇〇年の分水事業に伴う黒河の河川水使用のルールはそれまでの「水規」と呼ばれるものとはかなり異なったようだ。

「水規」とは、清から残されてきた制度であった。歴史記録によれば、清時、黒河中流域（現在の臨沢県、天城を除く高台県南部地域）の過剰利用によって下流域（現在の天城や鼎新一帯）に季節的な水不足問題をもたらした。一七二四年に陝甘総督年羹尭が「黒河均水制度」を頒布し、「芒種前の一〇日間上流地域は黒河からの取水をストップし、河川水を完全に下流に送り込むこと。

この制度を永久に守ること」と規定した（高台県誌編纂委員会弁公室・政協高台県教文衛体工作委員会、一九九一、一四八頁、高台県誌編纂委員会、一九九三、五九四頁）。

後の歴史の中で行政区画の変更などに伴い、その内容にも変化があったものの、制度自体は民間では「水規」といわれ、二〇〇〇年「分水事業」が登場するまで、一種の慣習法として機能してきたと考えられる。しかし、この「水規」は、最初から黒河の最下流に位置する牧畜地域（現在の内モンゴル自治区エゼネ旗）を想定していたものではなく、現在の臨沢・高台・金塔県など農耕社会内部の水トラブルを防止するためのものだった。

従って、彼らにとって黒河の水使用に関するこの二つのルールには大きな隔たりがあり、問題なのは二一世紀の方だ。なぜなら、人間が直接食べる麦あるいは換金作物である綿と動物たちが食う草とを比較してみるとどちらが大事なのかは一目瞭然ではないかという彼らの認識があるからだ。彼らにとって、麦や綿など身近な存在に比べ、動物や牧草は遠い二次的存在となる。有用価値の低いものを生産資料にし、かつ人口の少ない兄弟民族のために黒河の水を流すことは理解に苦しむものだった。これに比して、一八世紀の水規の方が理解しやすかった。少なくともそれは麦や綿などのために規定されたからである。

耕地の増加

近年旱魃に加えて、分水事業の登場のため、水費が高く、大変だというのが多数の意見である。多くの人、とりわけ年寄りたちはいう。「昔は良かったが、現在はだめになった」。臨沢県板橋村の元書記長（男、七五歳）はその理由について、このように言う。

解放以前、ここの用水路の数は少なく規模も小さかった。また用水路の水の量もせいぜい今の三分の一程度だった。作物も小麦くらいしかなく、稲やトウモロコシといった水を大量に飲み込む作物は一九五八年から現れた。食糧増産のため、荒地を大量に開墾した。結局、荒地を開墾しすぎたため、今は水不足になっている。

また、板橋村の隣村のある八〇代の老人はいう。

昔黒河が深く、広かったため、溺死事件が頻発していた。しかし、今は浅く狭くなった。橋の上に立ってみても、川の水が見えないくらい。これは、荒地開発によるものだ。現在の耕地が増えすぎて、水が少なくなった。

さらに、近年の天災と水不足の関係と結びつきながら天城村の老人C氏（男、七一歳）は言った。昔は旱魃があっても、黒河があるからたいした被害も受けずにすんでいた。二〇〇一年に旱魃があり、八月まで四カ月黒河の水は断流した。過去においてはこのようなことはありえなかった。耕地が少なかったからだ。

その上でC氏は、我々現在の農民、特に若者たちは、生活慣習や考え方などにおいては、「すべて都市の人のまねをしているのだ」という。彼の若い頃より、今は合理的で、利益追求の人間が増えているというニュアンスである。

若い世代の人間に言及されている「分水事業」と「兄弟民族」との関係について、年配世代の人々も無関心ではなかった。だが捉え方は、必ずしも一様でない。高台県天城村の侯継周氏（男、六七歳）は「黒河母親」との題では次のような意味の短詩を書いた（侯継周、二〇〇二）。

甘粛と内モンゴルをつなぐ黒河は、モンゴル人にも漢人にも母のようにみなされてきた。過去母の負荷は小さかったが、現在は重荷を背負っている。慈母の母乳が少ないからではなく、むしろ子供たちの思いやりが欠如しているからだ。自然にもその道理があろうが、人為的な要素こそ根本である。中共中央は黒河を総合的に管理する決断を下した。分水や節水に努力することで、母親の元気な姿を取り戻そう。

この短詩にはいくつか注目すべきポイントが含まれている。漢族とモンゴル族の関係問題、耕地拡大などの人為による黒河の水不足の問題を視野に入れていること、かつ全体的な姿勢が自己批判的であることをあわせて考えると、年配世代と前述した若い世代との、分水事業をめぐる認識や解釈の違いは、より明確になっている。

おわりに

黒河中流オアシス地域の主は漢族農耕民であった。彼らの文化的アイデンティティに二つの特徴がみられた。一つは、遥遠な彼方の内地（山西省）との絆の強調である。それはたとえ強制されたにせよ内地からの移住民という自認に現れる。一つは、身の回りの「自然」そして「夷」との戦いの強調である。それはたとえ無意識にせよ地名の由来をめぐる説明に現れる。上記の特徴は、中流域が黒河流域生態系の他の部分（上流と下流の牧畜地域）との融合を回避することで、成立している。結果、乾燥地域農業が今日まで貫かれてきた。

無論、中流域の農業を必要としてきたのは、住民の文化的アイデンティティだけではなかった。彼らは、経済や国防上の国家建設を目指す中原政権の後押しによって、その生業は肯定され一層盛りえた。とりわけ一九五〇年代以降、食糧基地として国家への貢献度が高まった。だが、それによって中流域による黒河流域生態系全体への影響度も高まった。同時に、「迷信の排除」など時のイデオロギーの浸透によって、中流地域社会においても、伝統文化、とりわけ自然界との接し方に、世代間の差異がみられた。

一九九〇年代後半以降、国家は自然保護目的で黒河分水事業の実施に乗り出した。世代を問わず、中流域の住民たちは共通に分水事業に賛成を表明する。しかし「自然保護」は、少なくとも黒河中流域いずれの世代にとっても、初耳のスローガンであった。そこで、事業による「水不足」問題が生じ、問題をめぐる住民の説明には世代間の差異が見られた。若い世代はその理由を外部に、年配世代はむしろ内部に求めた。地域住民は、「水不足」という大きな「不利益」を被るのが自分となった場合、その故を考え、自分たちに納得できるような説明を下さなければいけない。その際、頼りになるのは自前の論理しかない。彼らは自ら生まれ育った時代や社会環境で得た論理を容易に否定できないからである。異なる時代背景の下で形成された異なる論理に従い生まれる説明は異なるが、それぞれの内部においては整合性を持つ。それがゆえ、黒河中流域で生じた「水不足」という一つの事象をめぐる住民の説明は、その世代の違いによって異なっていたことも、ロジックとしては矛盾しない。

「分水事業」に対する賛成表明と「自然保護」に対する理解とが、必ずしも直結しないことを、「水不足」をめぐる黒河中流域住民の複雑な認識から窺うことができよう。このことを通じて、我々はさらに、彼らの認識形成に深く寄与してきた国家施政のアンビバレンスも同時に確認することができよう。

注

（1）旧思想・旧文化・旧風俗・旧習慣を打破せよというスローガン・運動のことである。

（2）一畝は約六・六六七アールに相当する。

（3）地方自治体行政府の組織そして奨励のもとで、一九五〇年金塔県は大小狼を一二七匹消滅したことにより、県内の狼は基本的に絶滅したといわれている（張文質ほか、一九九三）。

引用文献

高台県誌編纂委員会弁公室・政協高台県教文衛体工作委員会（翻印）、一九九一、『新纂高台県誌』

高台県誌編纂委員会、一九九三、『高台県誌』蘭州大学出版社

候継周、二〇〇二、「黒河母親」（『甘泉』第三―四期、八二頁）

李丹、二〇〇一、「黒河実現省際分水」（『人民日報海外版』一月四日第五面）

劉愛国、二〇〇三、『臨沢民間伝説故事』天馬図書有限公司

張文質・王成相・成発昌、一九九三、「旧社会的狼患見聞」（政協甘粛省金塔県文史資料委員会『金塔文史資料　第二輯』）

張志純・何成才・安培蘭、二〇〇二、『張掖民間伝説故事』甘粛文化出版社

〔付記〕

本稿は、中尾正義教授が率いる「オアシスプロジェクト」に参加してきた筆者の調査研究結果の一部である。現地調査にあたり、臨沢県の王新武さん、高台県の候継周さん、金塔県の丁成章さんをはじめとする多くの方のお世話になった。記して深謝する。

黒河中流域における水利用——張掖オアシス五〇年の灌漑農業

陳　菁

黒河が貫流している張掖オアシスの歴史は水の歴史といっても過言ではない。水はそこでのすべての活動の駆動力であり、オアシスを形成し、農業を創出し、そして地域の人々はそこでの生業を営む。典型的な大陸乾燥気候であり、降水量は僅か一〇〇～二〇〇ミリなのに対して、蒸発散量は二〇〇〇ミリ余りにも達し、張掖オアシスでは独特の灌漑農業が形成されてきた。大麦、小麦、高粱、粟、稷を植えたのは、遡ることBC五〇〇〇年よりも以前であったが、灌漑農業も二〇〇〇年余りの歴史を持ち、張掖オアシスはかつてのシルクロードの重鎮として輝いた。

新生中国以来の張掖オアシスは、「大躍進」、人民公社、「文化大革命」を経て、「改革開放」時代に入り、そして最近数年の「節水型社会」の建設などを経験し、様々な試行錯誤を繰り返しながら、この五〇年の水利用の歴史を作り出した。

そこで、本文では、人口の変動、水利用施設の整備、農業構造の変化など三つの視点から、張掖オアシスにおける五〇年の水利用の歴史を描き、最後に近年の動きを加えて、張掖農業の過剰開発の分析を試みる。

人口の変動

人口増加は、食糧需要の増加につながり、土地利用や水利用などに深刻な影響を与えるため、地域変動を起こす大変重要な要因である。

張掖の人口は一九四九年には五四・九万人で、五〇年後の一九九九年は二・四倍の一二三・一万人に達した。さらに五年後の二〇〇四年末には一二七・八万人にもなった。この五五年間では、高いスピードで増加しつつあったが、特に激しい人口増加期は三回見られる（図1）。

第一回目は一九四九～一九五八年であった。一九四九年の五四・九万人から一九五八年の七五・九万人にまで急増した。そのひとつの理由は、戦乱から安定した社会に移り、生産回復などが人口増を導いたのである。ふたつ目の理由は、政府が辺境建設を強化する政策をとり、張掖の経済開発を支援したため、上海など沿海部経済発達地区から技術者や大学生が「辺境支援」として七万人移ってきたためである。三つ目の理由は省の外からの移民であった。その後の大躍進

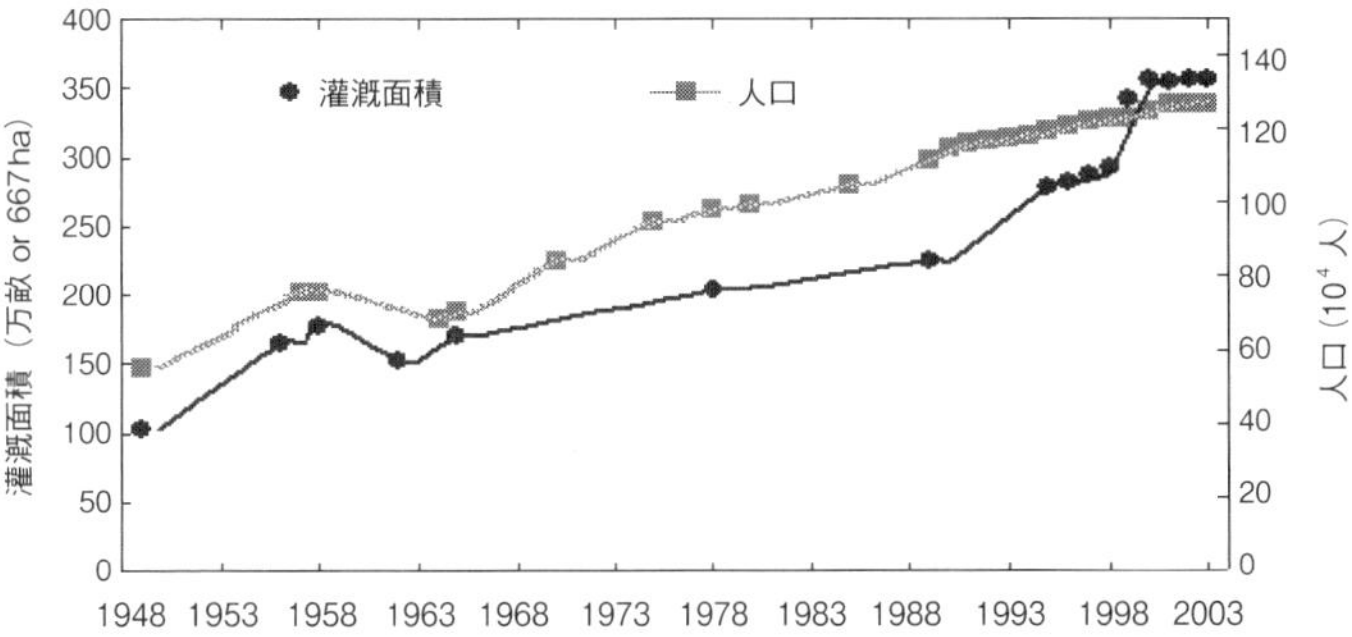

図１　張掖地区における人口と灌漑面積の経年変化

や三年自然災害などは人口増加を抑えた。

第二回目は六〇年代半ばから七〇年代に掛けての時期で、大躍進や自然災害からの生産回復によって自然増加した人口が毎年二～三万にのぼり、人口のコントロールができなくなったのである。七〇年代になってからは、計画生育という政策を大々的に提唱した結果、人口の自然増加は緩んだ。しかし、商品食糧基地の建設が始まると次第に移民が入りこみ、人口増加の勢は止まらなかった。

第三回目は一九八五～一九九〇年であり、総人口は一〇〇万人を突破した。一九八三年からの「三西」建設で、陝西省や河南省の移民が入り、人口増加率が増えた。一九九〇～二〇〇〇年の間に年間一万人のペースで増加しており、二〇〇〇年以降は人口曲線はほぼ横ばいになり、二〇〇六年現在は一二八万人である。

人口構成を見てみると、一九四九年に九二パーセントであった農業人口は一九九九年には八四パーセントになり、徐々に下がる傾向を示しているが、増加した人口の大部分が農業人口であることは明らかである。

農業用水施設の整備

建国後五〇年間の農業用水開発は全体的に加速していたが、時期によって三段階に分けられる。大躍進前の回復期（一九四九〜一九五六）と大躍進から文化大革命終了までの期間（一九五七〜一九七七）、そして一九七八年以後の発展期である。

農業用水施設の整備としては引水施設の整備、貯水ダムの建設、地下水利用の井戸掘りなどが挙げられる。

引水施設の建設と改修

張掖オアシスの引水施設の大部分は、元、明、清の時代に建設されたが、一部は漢唐時代に建設されたものもあった（極く少数）。これらは張掖オアシスで過去にも盛んに灌漑農業が行われた証拠である。

建国後から大躍進までの引水施設の建設は、少数の新開渠以外に、主に旧有灌漑水路の回復、改修であった。特に地面への浸透量を減らすために石を材料として敷き詰めた水路の目張りに力を入れて効果を収めた。水路の水利用率は一〇パーセントから三〇パーセントまでに上がり、有効灌漑面積は一九四九年の一〇二・八万畝（一畝は六・六六七アール）から一九五八年の一七六・七万畝にまで増加した。

大躍進時期は貯水ダムの建設に力を入れたが、水路の管理が粗放であったといわざるを得ない。水路の崩壊や損壊が多く、有効灌漑面積は一五二・二万畝まで下がったからである。

一九七〇年に周恩来が司会をした「北方地区農業会議」が開催され、西北の農業水利建設を大いに促した。張掖の引水施設の建設スピードが回復した。

一九七八年には商品食糧基地を建設するため、甘粛省が四〇〇キロメートルの水路の目張りの任務を張掖に委譲したが、資金不足のため、三五〇キロメートルしか実施できず、その上に圃場整備はほとんどやらなかったので、あまり効果はあがらなかった。水路整備と圃場整備の両方をやることが大切だからである。

一九八三年から、国務院の「三西」農業専門基金の支援で毎年百キロメートルのスピードで水路改修や目張り作業が進められた。一九八九年までに改修、目張りした幹線や支線水路は都合五九三本、総延長距離にして三、八九六キロメートルであった。

貯水ダムの建設

張掖オアシスにある貯水ダムは、主に窪地ダムと谷間ダムの二種類に分けられる。窪地ダムは地形が低い高台県に多く見られる。技術は簡単で、投資額も少なくて済み、作業も比較的小規模であるため、建国後は数多く建設された。大躍進の時期は「万水帰庫（全ての水をダムに集めよう）」のスローガンで大規模なダム建設キャンペーンが行われた。一九五八年に高台県で造られた窪地ダムは三〇もあった。しかし盲目的な計画で、設計もせずに多くのダム建設が同時に始められたため、中途半端で停止したプロジェクトが多く、人力や材料を浪費した。貯水できたダムは極く少数であった。文化大革命中はこれらの建設は停滞した。

実質的な大規模ダムの建設は七〇年代後のことである。特に一九七八年以来、国務院の「三西」農業専門基金の支援で、新しいダムの建設や問題ダムの改修などが多く行われ、ダムの技術や品質などは以前に比べれば非常に高まった。一九八九年までは、張掖地区にある二六の河川のうち一八の河川で二一の谷間ダムが建設され、二一の窪地ダムを加えて、ダム数は四二に上った。貯水量は合計一・八億立方メートルにもなった。その中で中型ダム（貯水量〇・一～一・〇億立方メートル）は六個、小（一）型（〇・〇一～〇・一億立方メートル）小（二）型（〇・〇〇一～〇・〇一億立方メートル）ダムはそれぞれ一八個となった。

井戸灌漑の開発

張掖では、歴史的に井戸水は飲用のためにだけ使われていた。灌漑用水として用いられるようになったのは中華人民共和国成立後のことである。このことは、地表水が使えるところに加えて、地下水を水源とした土地も開発され、耕地になったということを意味している。

一九五八年「向地下水進軍（地下水を使おう）」というスローガンによって、老若男女全住民による「井戸掘り」キャンペーンが展開され、張掖地区では九万四四五三本の井戸が掘られた。主に人手で掘る浅い井戸で、当該年に利用した後には七〇パーセントが廃棄された。これは第一回目の井戸掘りピークといえる。

第二回目の井戸掘りピークは一九七〇年から六年間も続いた。一九七〇年には北方各省では旱魃が起きた。国務院は「井戸掘りで旱魃に対応」という呼びかけを行い、張掖地区では一九七三年に一二〇〇本の井戸が掘られた。

前回とは違って、政府は専門的な組織を作って主導した。計画的に毎年掘る井戸の数を分配、専用資金を配布、井戸掘りの施設の調達などを行ったのである。井戸はほとんど機械で掘ったものであった。井戸の整備による地下水の利用によって灌漑面積は拡大し、旱魃への対応にはある程度の効果が現れた。

しかし、あくまでも強制的な「義務」をともなうものであって、井戸の分布状態は科学性を欠いていたし、施工や管理なども粗放であり、実際に使えた井戸は二〇パーセントにすぎなかった。高台県南華公社では、その「義務」に対応するために三〇八本の井戸を掘ったが、殆どは形だけで使えないものであった。

文化大革命が終わった八〇年代以降になると、中国の不思議な時代も終末を迎えた。過去の教訓を反省する「実事求是」の風潮があった。無情な政治に翻弄された県や郷鎮を治める地方政府にも初めて人民の要望に応えるという意識が芽生えた。

八〇年代に入り、主に換金作物栽培区や農業開発区、さらに水路の下流の水が届かないところに井戸を掘った。財力にまかせて、毎年三〇〜四〇本の井戸を掘り、改修価値のある井戸を毎年二〇〇本更新するという計画で地下水の開発を行った。また、施工管理や運営管理などの制度も作った。そのおかげで、九〇年代ごろ、使える井戸がおおよそ三分の二という状態を維持することができた。八〇年代以来、地下水の開発利用は良好な状況に転換し、換金作物の生産や灌漑面積の拡大、旱魃への対応など、大いに利益を上げた。

灌漑区の建設

以上の農業用水施設の整備によって、張掖オアシスには新たに大規模な灌漑農業システムが出来上がった。九〇年代まで、一万畝以上の灌漑区は三一になり、川沿い区域のほとんどは灌漑区になった（図2）。一九九九年には灌漑面積は三四一・二万畝に達し、一九四九年における一〇二・八万畝の三倍にもなった。二〇〇三年は三五六・五万畝になり、引き続き増加傾向にある。灌漑面積の増加率が人口増加率より大きいのは、商品食糧基地の建設で、張掖は食糧と換金作物の輸出地になったためである。

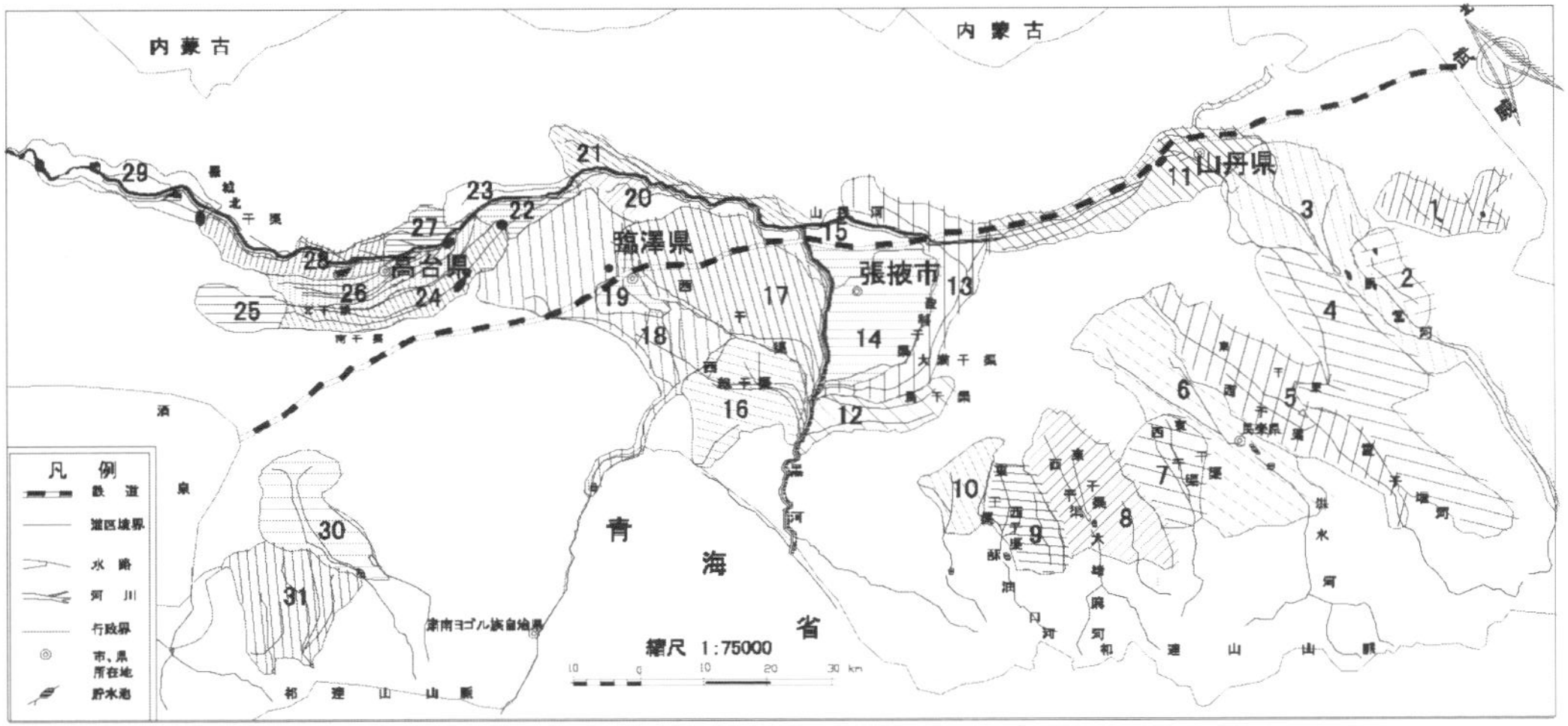

図２　張掖地区万畝以上の灌漑区分布図（張掖地区水利誌より作成）

1－老軍灌漑区　2－寺溝灌漑区　3－馬営灌漑区　4—ふぉ城灌漑区　5－童子堰灌漑区　6－洪水河灌漑区　7－海潮堰灌漑区　8－大堵麻灌漑区　9－そ油口灌漑区　10－安陽灌漑区　11－祈家店灌漑区　12－上三灌漑区　13－大満灌漑区　14－盈科灌漑区　15－ウ江灌漑区　16－甘浚灌漑区　17－西幹灌漑区　18－梨園河灌漑区　19－沙河灌漑区　20－鴨暖灌漑区　21－板橋灌漑区　22－りょう泉灌漑区　23－平川灌漑区　24－三清渠灌漑区　25－駱駝城灌漑区　26－友連灌漑区　27－六堰灌漑区　28－大湖湾灌漑区　29—羅城灌漑区　30－新堰灌漑区　31－紅崖子灌漑区

作付面積、農業構造の変化

張掖は歴史的に糧食作物の産地として繁栄してきた。小麦とトウモロコシは伝統的な栽培種であり、他に油作は主要な換金手段であった。その状況は八〇年代まで続いた（図3）。八〇年代からは野菜や果物、漢方薬材を主とする換金作物の面積が徐々に増加した。二〇〇〇年からは主に製種トウモロコシ（食用トウモロコシとは異なり、食用トウモロコシを育てるための種トウモロコシ）や綿花などの新たな作物の作付けが急激な増加傾向を見せた。二〇〇〇年になると糧食作物の栽培面積は一五〇〇万畝にまで落ち込んだが、換金作物や製種などへの転換が推奨された（図3）。糧食作物の作付面積は八〇年代半ばから減少していたが、生産量は増加傾向にある。このことは水利施設の整備や化学肥料の使用で面積あたりの収穫量が増加傾向になったためである（図4）。

製種トウモロコシや綿花が近年大いに増加したのは、製種販売会社と農家とが一体となる形態を取る、いわゆる「オーダー農業」方式になったからである。会社側は製種生産の全過程を指導し、収穫の売却を保証したのである。会社は、施肥や農薬使用、灌漑などに関して極めて詳細な規程を定め、農家に配布していた。農家はそれに従って農作業を行った。そのため、今まで扱ったこともない品種にもかかわらず、大きな挫折もなく順調に育成することができたのである。

張掖における近年の激しい農業構造の変化は、経済利益よりも節水運動が大きな駆動力となった（水資源量が緊迫しているため、糧食種よりも少ない水で育てることができる様々な換金作物が増えてき

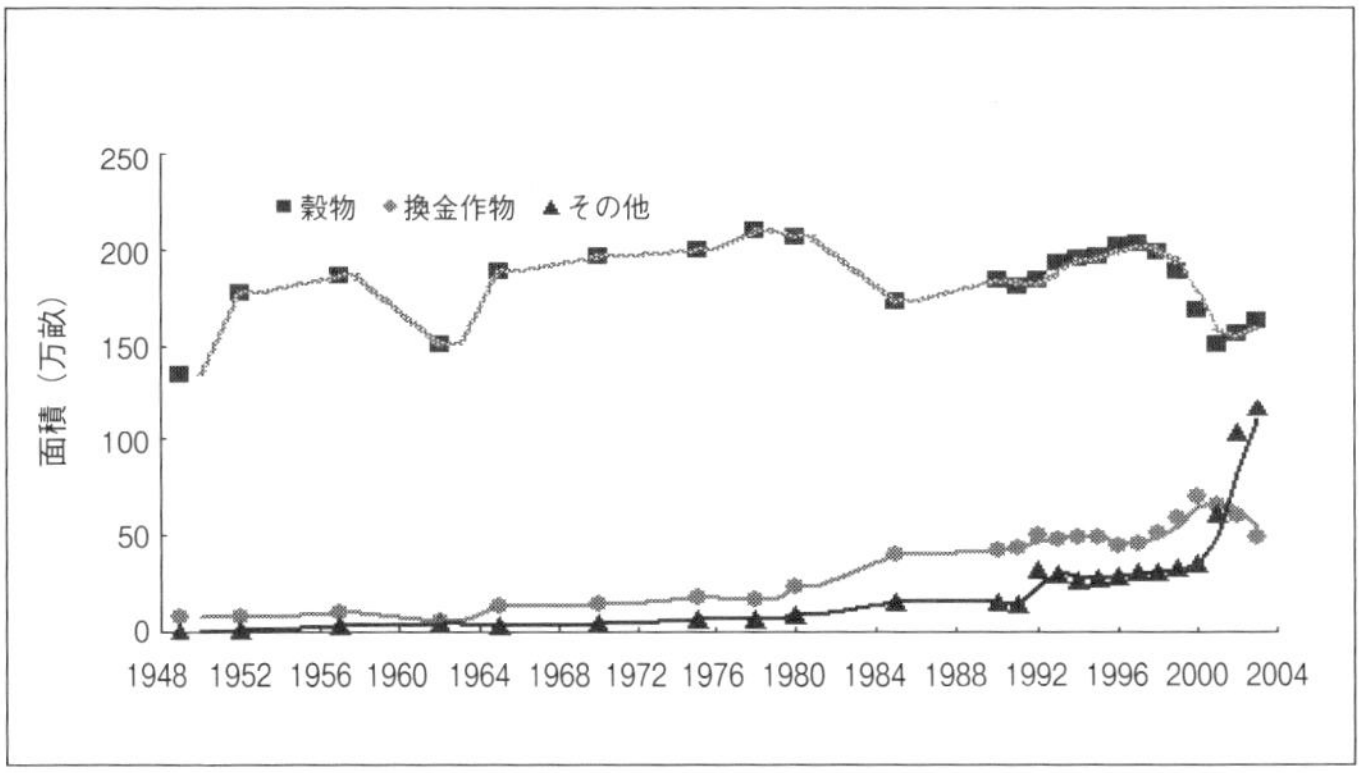

図３　張掖地区における作物の作付面積の経年変化

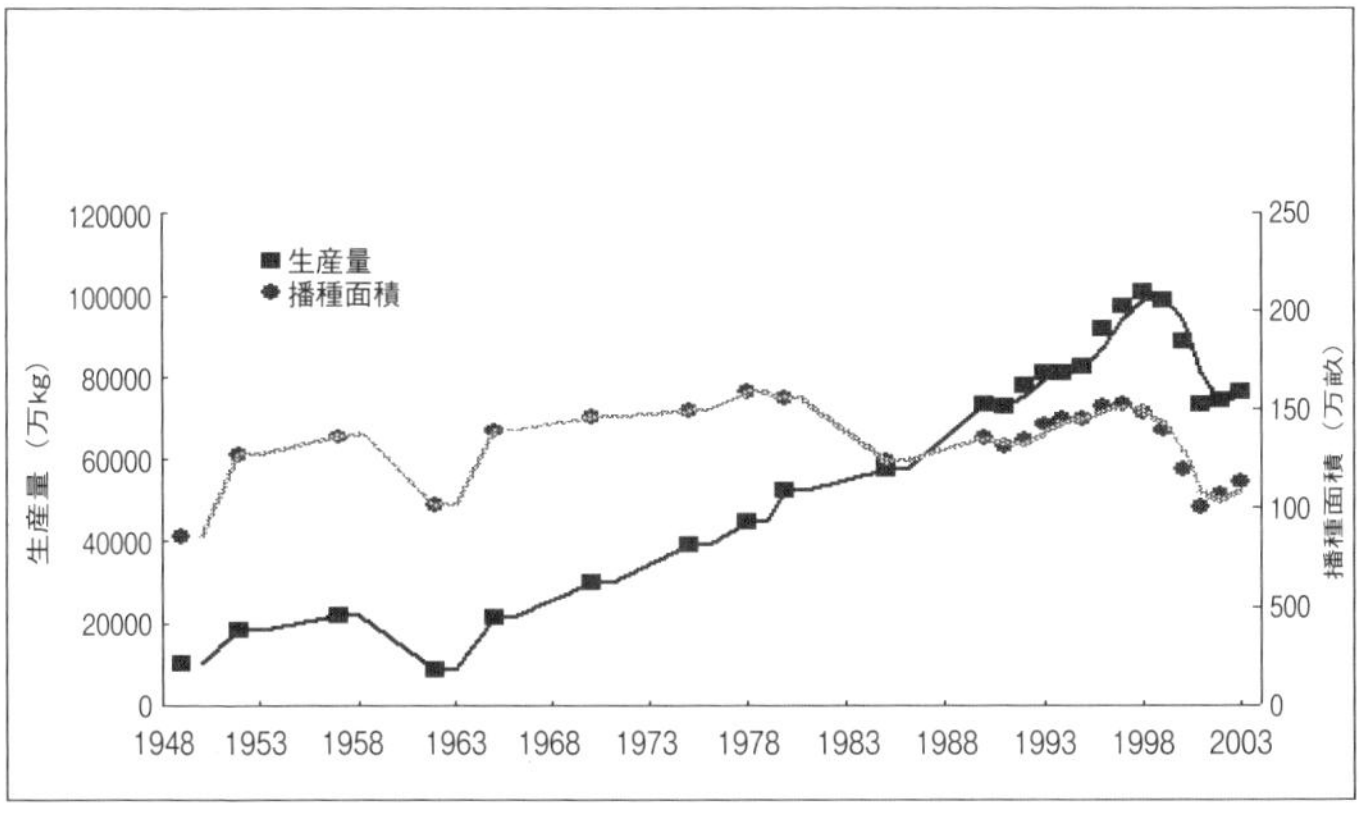

図４　張掖地区における穀物の播種面積と生産量の経年変化

たのである。たとえば、製種トウモロコシは食用トウモロコシよりも少ない水で育てることができる）。製種トウモロコシや綿花などは換金作物ではあるが、そのことよりも水をセーブできることの方が重要である。政府がこれらの種を導入した最初の意図はじつはこのことであった。

近年の動き

五〇年間にわたる中流域の農業開発は、耕地の拡大や取水量の増加に直結している。下流域への河川流量は著しく減少し、その結果、下流域の住民の生活や生産や生態環境には大きな打撃を与えた。歴史的には「水規」による下流域への「均水」方法があったが、新生中国の五〇年間は様々な生産開発キャンペーンで薄れてきていたのである。九〇年代に入り、中央政府は「黒河分水」ルールを打ち出して下流域の厳しい生態環境の危機を緩和しようとしたが、大きな効果を上げたものの、抜本的な解決には至らなかった。

下流域への均水が強く求められる背景には、二〇〇〇年からはじまった「黒河流域近期整備計画」の実施がある。「二〇〇三年まで黒河下流域への分水目標を実現する」ことを政治目標としたのである。さらに、二〇〇二年には全国のモデルとして、張掖市において「節水型社会」の建設が始まった。この二つの事業の目標は、張掖オアシスの経済発展のスピードを減らさず、黒河下流域へ毎年九・五億立方メートルを流下させるという、所謂「双勝（双方ともにうまくいく）」であった。そのため、ハード及びソフト両面の措置をとり、この数年間、張掖の農村農業及び水利用形態を大いに転換させた。二〇〇六年に張掖市は、水利部の「節水型社会建設」に照らした検査と承認を受けて一段落を遂げた。

中央政府の資金を用いて、黒河沿岸の甘州、臨沢、高台、粛南の四県で三年内に一、四一五キロメートルの幹線、支線、三次水路は改修や漏水防止のためのライイリングが計画された。沿岸の取水口は二一箇所が合併され、七つの窪地ダムが使用停止になる。現地調査で得た情報では、水路のライリングや取水口の合併は計画通り実現し、節水の効果が現れたという。しかし、ダムの使用停止は、元々使われていなかったいくつかのダムを廃棄したに過ぎない。元々使っていたダムの使用停止は難しく、地方政府は地元保護主義や農民の強い要請で「眼が半開半閉（知っているが知らないふりをする）」を決め込み、依然としてダムの貯水はある程度続いていた。

「節水型社会の建設」は黒河下流域への分水を実現する保証として、強い政治力で推進し、かつてない勢で、様々な制度を整備してきた。

全体的に次のような目標を作った。総量コントロール、定額管理、使える水量によって生産規模を定めた上での個々の農家が使える水量の分配、公衆参加手法の採用、水量売買、水票制度、農工業用水一体化管理などである。

これら一連の制度の整備及び実施によって、目標を達成することができたのである。たとえば、水配分制度や水利権制度または水量売買制度を作り、工業、農業、生態、生活それぞれの用水定

写真１　露地白菜

写真２　近年植え始まった綿花

額を定め、張掖産業構造調整計画や農業構造調整計画を作ったことなどである。

農業節水に関して、結果的に最も効果的だったのは節水作物への転換であった。その転換の過程には以下の二つの動きがあった。

ひとつには張掖市政府は中国農業大学などから専門家を招き、張掖の農業状況を調査し、経済的または節水的な適作について討議したことである。その結果、製種トウモロコシが張掖にきわめて適するとの結論が出たのである。その後関連する会社が入り、初期は政府の力で強制的に作らせていたものの、一～二年後には農家にその良さがわかり、自動的に転換が始まったのである。

もうひとつは、農家ごと、面積ごとに用水量が定められたため、伝統的な糧食作物を作るなら水が不足するために他の省水作物や換金作物に転換しなければならなくなった農家が増えたということである。その結果、農家は自動的に積極的に省水作物を探し、転換したのである。

以上の二つの動きによって、奇跡的に張掖オアシスの農業構造は変化した。二〇〇三年には製種トウモロコシの面積は一七七・三万畝に上り、作付面積の半分以上を占めるようになった。

黒河下流域へ分水するため、地表水の取水は厳しく規制された結果、農業用の取水はその一部を地下水へと切り替えられた。また、新しく開墾した耕地

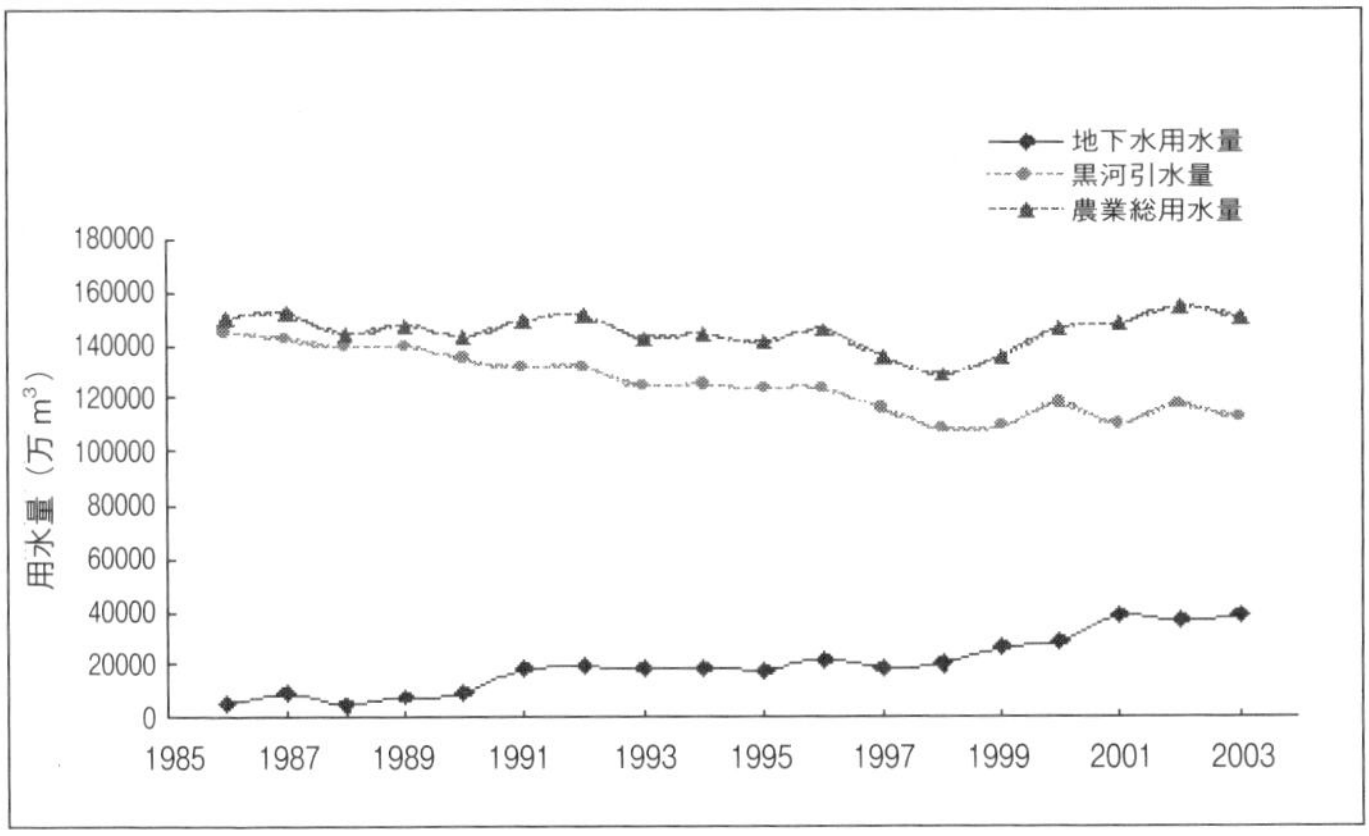

図５　張掖地区農業用水の構成

では水利権水量が得られないため、地下水を使うことになる。最近数年間新しく開墾した耕地では綿花やいろいろな作物の製種などが増加した。

その結果、減らした地表水利用分は地下水利用量増加で置き換えられ、総用水量はほとんど変わらないこととなった。言い換えれば、ハードやソフトの整備で節約した水量は、耕作面積の近年における拡大ぶんに使ってしまい、結果的に農業用水量は減らなかったことになるのである（図5）。

しかし、下流への水は確かに増えた。それはなぜだろうか。日本の総合地球環境学研究所と中国河海大学との共同研究で行ったプロジェクトの結果によれば、下流への放流増は中流域の地下水位の低下を代価としたことを強く示唆している。また、現場観測のデータを用いた水文モデルの解析結果では、現在の中流域の農業生産規模で消耗する水量は、黒河の健全な水循環に大きな脅威になることを示している。

農業の過剰開発についての分析

過去の五〇年間は、黒河下流域の住民たちは、中流域の大規模の農業開発で壊された水利用バランスの苦しい実りを味わいつつあった。二一世紀に入り、水不足にあえぐ下流域の人たちの運命はどうなるのだろうか。もっと厳しい状況に直面するのだろうか。

中央政府の全体的な考えや政策があるにも関わらず、中流域の水利用は隠れた形で進行している。それは地表水と地下水を一体的に見ず、分断的に管理されている体制に起因するとはいえ、地域主義の台頭ともいえる。ミクロ的には、個々の農家は経済的な理由から、黒河の河川水を利用して荒地を開墾し、換金作物をどんどん作るのは当然の選択である。しかしこのような行為はマクロ的に見ると大変好ましくない結果を招き、中流域の水利用をコントロールできなくなる恐れを内在している。中流域の正確な耕地面積は、新しい統計数字の取りまとめや衛星データ分析の結果を待ちたいが、前節で述べたように、多くの水を中流域農業で消耗しているということは、河川水の健全な循環に脅威を与えていることになる。いま断言できることは、黒河の問題は中流域における農業の過剰開発による水の過剰利用であるという点である。農業の過剰開発を抑えなければ、下流域の問題は解決しない。

このことを解決する方法としては、中尾正義氏の話を借りれば、「中流域と下流域一体になって、地表水と地下水とを総合的に考えなければならない」ということである。

参考文献

甘粛省張掖地区行政公署水利電力処、一九九三、『張掖地区水利誌』
張掖地区行政公署農業処編、一九九六、『張掖農業誌』
張掖市水務局、節水型社会モデル建設弁公室、二〇〇二、『張掖市節水型社会モデル建設資料集（一）』
張掖市水務局、節水型社会モデル建設弁公室、二〇〇三、『張掖市節水型社会モデル建設資料集（二）』
張掖市水務局、節水型社会モデル建設弁公室、二〇〇四、『張掖市節水型社会モデル建設資料集（三）』

李希・田宝忠、二〇〇三、『節水型社会建設の実践及び思考』中国水利水電出版社
張掖市節水型社会モデル建設リーダ組、二〇〇四、『張掖市節水型社会モデル建設制度集』中国水利水電出版社
張掖市節水型社会モデル建設リーダ組、二〇〇四、『節水型社会建設百題』中国水利水電出版社

流域の生態問題と社会的要因——黒河中流域の高台県の事例から

マイリーサ

はじめに

チベット・青海高原とモンゴル高原の砂漠との間に細長いゴビ地帯がある。そこは中国の東部から西部辺境へ貫く通り道になっている。この回廊は黄河の西側にあるため、「河西回廊」と呼ばれている。河西回廊は、かつてシルクロードの重要な幹線であったが、長い開発の歴史と交通の利点により巨大な人口をもつ居住地を形成している。張掖、酒泉平野は回廊の中の最大のオアシスで、祁連山からの雪解け水の恵みによりつくられた農業灌漑地帯である。ここは黒河中流域に当たるが、中国では「塞外江南」という名で知られている。(1)

この数十年間、この周辺のゴビにさらに多くの穀倉地帯が現れている。そこで栽培されている農産物は、国道と蘭新鉄路（蘭州―新疆鉄道線）の便により、砂漠を横断し、全国各地へ輸送されるようになっている。一方、中流域の農業発展は流域の深刻な環境問題を引き起こしてきた。中流域の水消費の著しい増加が河川の断流を招き、下流域の湖の枯渇をもたらしている。

本章では、中流域における農産品の生産と消費の変化パターンに着目し、環境問題が発生するメカニズムの解明を試みたい。現在、河西回廊は急成長中の西北部最大の国家商品食糧生産基地であるが、農産品流通の遠隔化と国際化は河西回廊発展のシンボルとなっている。しかし、こうした「広域流通の農業構造」こそ、中流域における水利用の増加を加速させた重要な要因ではないかと考えられる。この「広域流通の農業構造」とはどういう特徴をもつもので、それがどのように形成してきたのか、そして、その形成過程において人々の水とのかかわりがどのように変化してきたのか。ここでは、それについて黒河中流域に位置する張掖市高台県の事例を通して分析していきたい。

中流域の人間活動と自然利用

社会主義集団化時代の自然利用

高台県の黒河両岸は屯田によって開かれた農業経済地域であり、小麦生産の単作地として知られているが、人口密度が高いという問題を抱えている。長い歴史における人口の増加に伴い、人々が大自然と闘いながらゴビを開き、灌漑網を少しずつ拡大させてきた。そのスピードを加速させてきたのは社会主義農業集団化の実現であった。

中華人民共和国成立当初、中国が直面していた現実は厳しいものであった。長期にわたる戦争が都市部と農村に莫大な失業者をもたらし、総人口の約六〇パーセントが飢えを凌いでいたと言われている。飢餓から抜け出すため、政府は農民が共同経営する人民公社化を実現させた。食糧増産のために、水利、農地整備、道路建設、植林などに農民が動員され、農地基盤整備が行われてきた。中流域の高台県にとっては、この時代は、組織キャンペーンの時代であった。大躍進の時代は、老若男女を問わず全員が組織され、ダム建設や用水路建設現場での労働を強いられていたという。「文化大革命」の時代は、「砂漠へ進軍」のスローガンのもとで若者のほとんどが「ゴビ開発」の労働現場へ行くよう動員された。しかしこの時期、中国では重工業を中心とする国家建設が行われていたため、政府はそれに莫大な投資を注いでいた。一方、農村建設（農地の基本的な整備）には「自力更生」という農民自身の勤労奉仕に頼るという戦略が取られていた。そのため、農村建設は、多くの挫折を伴い、中流域の河西回廊での水利建設も大きな失敗を経験してきた。[2]

国家食糧基地創り時代の自然利用

改革開放後の一九八〇年代、高台県の農業は高度経済成長期に入った。それを可能にしたのは徹底した集約農業の実現であったが、そのきっかけは河西回廊が国家食糧基地として指定されたことであった。

高台県の川沿い地域では「人多地少」(人口が多いわりに耕地が少ない)という制約があったが、一九八〇年代からトウモロコシと小麦の間作という耕作形態の改革が始められた。一九八三年から一九九三年の間、高台県は国家から多額のプロジェクトの投資を受け、水力建設[3]と農産品運出のための道路整備を行ってきた。農地基盤整備が行われると同時に、高台では化学肥料と農薬の普及が他の農村地域より先に行われてきた。

間作、混作の普及は、伝統的な一年一期作の農業を一年二期作、一年多毛作に変えることができた。それにより、農作物の成長期を年間二〇〇日まで伸ばすことができた。耕地利用率の向上は高台県の農業生産に飛躍的な発展をもたらした。例えば、混作普及以前の一九八二年における一畝当たりの小麦の生産量は二〇〇キロであったが、間作の普及より一〇年後は、一畝当たりの生産量が一、〇五〇キロとなり、約五倍にも上昇している。[4]

食糧の増産は、水利用の著しい増加をもたらしている。土地の休耕期の短縮は、中流域で水不足の問題による水争いを引き起こしている。一九九三〜一九九八年に張掖、高台、臨沢の三県で、用水路やダムなどの用水施設の破壊など、水紛争による刑事事件が一三二件発生している。[5]

高台県では新たな水源を確保するために、数多くの井戸が掘られるようになっている。一九八〇年代以降、高台県の農業灌漑は、「井渠結合」(地下からの揚水と河川からの取水の結合)という形態に変えられた。

一九九〇年代以降、中国では高度経済成長に伴い、都市部の食糧需要の構造が穀物中心から野菜、果物へとシフトしてきたため、高台県もそのニーズに合わせる形で野菜と果物の栽培面積を拡大させてきた。とくに、黒河の川沿い地帯では日光温室の生産を展開しはじめた。日光温室への展開は農地の年中耕作を実現させ、「人多地少」という農業発展の制約を解除し始めた。

国家食糧基地を造るために、中流域のゴビでは多くの移民基地が建設されてきた。高台県駱駝城移民郷（新区）はその中一つである。外見からみて、この新区は旧区の川沿い地帯の居住地に比べて、規模が大きいうえ、よく整備されている。現地の幹部は、「ここは砂漠との戦いのなかで生まれた奇跡の町である」と誇りをもって紹介している。現在、この移民郷は一一の行政村から構成し、住民の数は一万人以上であるが、そのほとんどが一九八三年に黄河上流域の貧困地域から移住させられてきた人たちである。この移住プロジェクトのことを「両西建設工程」と呼んでいた。(6) しかし、移民基地開発は実際、水資源の開発でもあった。現地移民の回想によれば、駱駝城郷での当時の開発方法としては、まず井戸を一本掘り、その周囲に農地を造成し、約一五世帯が二〇〇畝の耕地を開墾するというやりかたであった。そのために、当時の居民点の名前も、たとえば、「一号井」「二号井」というふうに、井戸の番号によるものであったが、町が整備され、名称が変わった現在も移民の間ではなお地名として井戸の番号が使われている。今日、そこはすでに生産量の高い間作地帯となっている。

農業産業化時代の自然利用

一九九〇年代後半、河西回廊は農業の産業化（企業＋基地＋農家という農産品流通システム）の時代に入った。農業産業化とは、原料、製造、貿易を一本化した農、工、商の体系的経営のことである。それにともない、高台県には食品加工企業が数多く現れた。とくに、輸出型の野菜加工企業は急成長を見せている。例えば、先述の移民郷である駱駝城郷は、これらの企業に加工用のトマトを提供する最大の生産基地になっている。駱駝城郷には、現在、一八七の外来開発企業が進出している。入植人口の膨張と耕地の拡大に伴い、駱駝城郷の地下水の開発も盛況を極めている。現在、同郷境内には一〇〇メートルより深い機械井戸は三五〇基あり、過剰の揚水によりわずか二〇年で地下水が二〇メートル下がった。

河西回廊の農業産業化の時代は、環境保全の時代とも重なっている。二〇〇〇年、黒河中流域は「節水型農業」モデル地域として指定された。その背景には、黒河の断流がもたらした下流域の環境問題として、内モンゴル自治区エゼネ旗領内での湖の枯渇と湖楊林の消失があった。中流域では現在も膨大な国家予算による水の蒸発防止を目的とする用水路が建設されている。[7] 節水キャンペーンを行うと同時に、下流への配水措置も取られ、毎年五月から八月の間は用水路への流れが毎月約二〇日間強制的に遮断されてきた。それにもかかわらず、農業大県である高台県では毎年国からの「双勝目標」（経済発展のスピードを落とさず、下流への配水ノルマを果たすという二つの勝利）を達成している。それを支えてきたのは地下水の開発である。補充水源としての井戸掘りが節水プロジェクトの一つである。

現地調査の報告によれば、近年発達してきた日光温室での水利用はほとんど地下水に頼っている。黒河の水管理制度が次第に厳しくなるにつれて、河水の価格も上昇しつづけ、取水コストの増加とともに農民たちは川の水を利用したがらなくなっているという。水を自由に利用するために、多くの農家は温室のなかで各自の井戸をもつようになった。現在、高台の黒河川沿い地帯には数え切れないほど多くの井戸が一年中地下から揚水している。こうした温室農業の飛躍的な発展はとどまることなく、その出荷についての今後の戦略は、「東進沿海発達地区、西出新疆」（東は沿海発達地区に、西は新疆に進出すること）となっている。

現地の状況からみれば、末端での水不足に悩んできた中流域にとって、黒河節水キャンペーンはむしろ悲願を叶えてくれた「歴史的な奇遇」でもある。特に移民開発区では節水キャンペーン中に用水路が建設されると同時に、多くの井戸が掘られた。人々は、井戸水を用水路に注ぎ、灌漑のスピードを加速させてきた。現在、移民村の新規用水路はゴビまで延び続いている。現地での調査によれば、節水キャンペーン実施後の二〇〇三年現在も張掖地区の灌漑面積は引き続き増加し、その伸び率は人口の増加を上回っている。(8)

生態問題の社会的要因

上述のように、この数十年の間、中流域の人々の自然とのかかわりは大きく変化し、それが水資源利用の爆発的な増大を引き起こしている。その勢いは節水キャンペーンが行われている今日も衰えを見せていない。中流域における水資源の過剰消費の背後には、大きな社会的要因が潜んでいる。河西回廊での農業における生産、流通、消費、生活全体の循環体系を連動的に見れば、問題の構造が浮かび上がってくる。

現在、河西回廊の産業構造及び人々の生業は、農産品の広域流通に依存している。このような他の地域との相互依存の関係は、一九八〇年代、国家食糧生産基地の誕生後徐々に形成してきた。

国家食糧基地誕生の背景には、中国が直面していた人口の増加による食糧危機があった。また、甘粛省の場合は、都会人口の圧迫にも悩まされていた。甘粛省には一九五〇年代の第一次五カ年計画による「重工業建設」「軍墾」（人民解放軍建設兵団による開墾）、一九六〇年代から七〇年代までの「三線建設」（沿海地域の工場の辺境地域や奥地への移転）に伴い、多くの鉱山と新興工業都市が現れた。その多くは少数民族の居住地である山間部とゴビ地帯に位置している。例えば、「三線建設」の時期に建設された鋼鉄の町である嘉峪関市鋼鉄公司は河西回廊のゴビに位置し、その鉱山区は祁連山のチベット人居住地に位置している。現在黄河上流域に位置する甘粛、寧夏、青海は、中国の重要なエネルギー資源の工業地帯であり、西北経済の「黄金回廊」と呼ばれている。

そのなかで、約四〇〇キロにわたる石油化学、非鉄金属、石炭などの工業基地は甘粛省領内にある。こうした新興工業地帯はほとんどが中華人民共和国建国後に建設されたものであり、工業化による外来人口の食糧調達は「南糧北調」（北の食糧を南へ運ぶ）によりかろうじて維持されてきた。しかし、国家からの食糧提供が廃止されてから、この工業地帯の食糧は、甘粛省が自ら解決しなければならなくなった。

甘粛省周辺の省や自治区でも同じように、中華人民共和国成立後、資源を柱とした新興工業地帯が多く現れた。例えば、内モンゴルの鋼鉄と石炭、新疆の石油、青海の化学工業などはすべて外発的な工業基地であった。ちなみに、青海省と新疆ウイグル自治区も河西回廊から食糧を調達している。

以上のような需給システムの形成は、その後の中流域における自然利用のありかたに大きな影響を与えている。例えば、日光温室の展開がもたらした耕地利用の高度集約化は、都市部の食糧需要に対応していく中で生まれたものであった。

耕地の周年利用を実現させた温室産業の発展は、地下水の周年揚水をもたらしている。一九九五年以降、高台県では野菜の省外流通が始まった。その主な流通先の一つは、新疆ウイグル自治区であった。新疆におけるゴビでの巨大なエネルギー資源の開発にともない、河西回廊は、はるかの遠方地域との空間的距離を縮めるようになった。現在、高台県には新疆への農産品調達により生計を立てている村もある。とくに、冬季は新疆への野菜供給が年々増えているが、冬の供水はすべて地下水に依存している。

生態問題と社会秩序

一九八〇年代から河西回廊の農産品の流通の経路が大きく変化してきた。それが黒河中流域での環境の悪化を加速させてきた。実際、このような流通システムには一つの社会的秩序の存在が見られる。つまり、東部での高度経済成長を支える原料、エネルギーなどの資源を西部、あるいは、辺境地帯に求めるという社会システムである。

このような東部と西部との関係は、中国では政策上、「東部と西部との合理的な分業」と言われている。こうした東西の相互依存関係は、エネルギーや資源においてだけではない。食糧の生産と消費をめぐる東西の関係も東部に有利であるように転換されはじめている。中国は昔から長江流域の南に豊かな穀倉地帯があり、そこから寒い北方地帯に食糧を運送する「南糧北調」が普通であった。しかし、近年、南の沿海地域などでは工業化が急速に進んできたために農地が激減している。それに伴い、食糧生産地と消費地の流通関係が逆転し始めている。工業製品の価格が高く、農産品の価格が低いのも「南糧北調」が「北糧南調」に切り替えられた理由の一つでもあると考えられている。河西回廊で進められている農産品流通地の遠隔化は、こうした背景により生まれたものである。

西部での環境保全も含めての「西部大開発」が進められている現在、こうした不平等な社会秩序がすでにパターン化されている。「西部大開発」は、東部と西部との経済格差を縮めることを目的とした西部など、辺境地帯での開発である。しかし、その開発形態は「東部の資金、技術と西部の資源」であり、「以東支西」(東部が西部を援助し、東部と西部がともに発展する)である。こうした政策のもとで、巨大な開発が西部の多くの地域で外部から押し付けられている。なかには、高度経済成長に伴う深刻なエネルギー不足を背景とした「西電東輸」[9](西部の電気を東部に送る)、「西気東輸」[10]などの巨大なプロジェクトが国家予算の注入により進められている。例えば、河西回廊の食糧供給地である黄河上流域大中型水力発電所の建設は「西電車輸」プロジェクト中の一つである。

このような辺境地帯での巨大開発は、これらの地域において資源の枯渇と環境汚染を引き起こしている。開発は、食糧野菜調達地である河西回廊の環境にも大きな負担をかけていくことが予想される。それに、農業産業化の過程において、外来企業は地元の産業に大きな影響を与えるようになっている。それにともない、こうした中心と周辺という空間配置の社会秩序は、当然のように、現地の人々の生活において隅々まで浸透している。

西部国境での貿易の自由化に伴い、三一二国道沿いに「路経済」型のオアシス農業経済区が形成してきた。そうしたなかで、黒河中流域では多くの輸出型の野菜加工企業が現れている。それにともない、あらたな契約農業が普及している。

「オアシス農業を国際市場に進出させる」という政策のもとで、河西回廊に位置する多く[11]の県は減税などの優遇政策を通して外来企業による開発を誘導している。そのために、全国から多くの企業や個人が富を求めてここにやってくるようになっているが、その多くは「先富論」の恩恵を受けた東部の「西進企業」である。彼らは、人件費が安いなど、西部の土地や労働力の諸要素を見極めて、野菜加工用の生産基地を建設し、自らの企業を発展させてきた。地元政府はこうした産業化の現象を「龍頭企業が食品加工業の発展を促し、農村経済を活性化させた」と賛美し、国家は、西部で起きている産業化現象を「東部と西部の補完性の新たな創出である」と謳歌している。

たしかに、企業の加工技術により、河西回廊の野菜の保存と運搬が容易になった。それが河西回廊の農産品流通の遠隔化と国際化を実現させてきた。しかし、農産品の大量生産・大量流通は結果的に、黒河中流域の資源乱用と枯渇を拡大させている。社会学的な視点からみれば、ここでの環境問題の進行は、企業の低コストによる最大利潤の追求という生産行為がもたらしたものであり、東部と西部との相互依存である社会的秩序そのものが引き起こしたものである。

おわりに

以上、黒河中流域で発生した環境問題――自然資源の過剰消費について、その社会的な次元から見てきた。それにより、問題の深層にある中流域における今日の経済的仕組みを形づくってきた基底構造を浮き彫りにしてきた。それは、食糧や原料、エネルギーなどの資源を西部、あるいは、辺境地帯に求めるという社会的秩序そのものであった。こうした社会的秩序は、目に見えないものであるが、すでにパターン化され、制度化されている。それが現在も依然とし西部の環境を悪化させつつある。しかし、こうした社会的秩序と環境問題との連動性はいまだに問われていない。

注

(1) つまり、高い雪山の峰々が見えるから塞外であることがわかるが、そうでなければ、その豊かな穀倉地帯としての風景は長江より南とあまり変わらないという意味からの例えである

(2) 陳菁　本書「黒河中流域における水利用――張掖オアシス五〇年の灌漑農業」一三〇頁

(3) 高台県では「水力建設」として、流水量増加のため、さまざまな用水路建設及び旧用水路の修復作業を進めてきた。たとえば、土水路だったものをコンクリート製に変えたり、幹線用水路を広めたり、または曲線であったものを直線に直したりしてきた

(4) 『高台県統計年鑑』(一九八二～一九九〇)

(5) 中華人民共和国水利部『黒河流域近期治理規劃』二〇〇〇年、二十四頁

(6) 「両西」は甘粛の河西回廊地区と淀西地区を指し、「両西建設工程」は、貧困地である淀西地区の農民を河西回廊のゴビに入植させ、それにより国家食糧生産基地を建設することを指す。「両西建設工程」に対し、中国政府は、「河西回廊は、長期にわたって国家の食糧安定を確保してきたばかりではなく、人口密度の高い貧困地帯からの移民を受け入れる上で国家に貢献してきた」と評価している

(7) 陳菁　本書、一三〇頁

(8) 陳菁　本書、一三六頁

（9）河川の上中流域における新規大型水力発電の建設及び石炭産地での新規火力発電所の建設により、西部の電力を大消費地である沿海地域などへ送るものである
（10）「西気東輸」は、西部で産出する天然ガスを沿海地帯に輸送することを意味するが、具体的には、新疆の砂漠と上海を結ぶガスパイプランを敷設するプロジェクトを指すものである
（11）外資、先進技術の導入を軸とした「中国の近代化戦略」である。主な内容は、沿海地域全体を内陸部と切り離し、国際経済のサイクルに組み込む外国の資本、技術を中国の設備、労働力と結び、海外向けの製品を生産する。それにより、これらの地域を発展させる。これは、鄧小平の改革開放路線によるものである。それは、「広い中国で同時に豊かになることは不可能である。われわれの戦略は一部の地域を先に豊かに、これらの地域が次々と中部と西部を助け、最後にともに豊かになる目標を達成する」ということである

主な参考資料

天児慧、一九八八、『中国改革最前線――鄧小平政治のゆくえ』岩波書店
愛知大学現代中国学会編、二〇〇四、『中国21 特集 中国西部大開発』ＶＯＬ18、風媒社
張平軍、一九九九、『甘粛環境保護与可持続発展』甘粛人民出版社
高台県志編纂委員会編、一九九三、『高台県志』蘭州大学出版社
中華人民共和国水利部、二〇〇〇、『黒河流域近期治理規劃』
高台県人民政府『高台県統計年鑑』（一九八二〜一九九〇年）
中国人民政治協商会議甘粛省臨沢県委員会編、二〇〇二、『両西十年建設』
張玉林、一九九九、『生命線――分水嶺上話黒河』蘭州大学出版社

エゼネの五〇年

児玉香菜子

はじめに――エゼネ・オアシスに暮らす人びと

北京から西北西におよそ一、三〇〇キロメートル、広大な礫砂漠のなかにエゼネ（額済納）と呼ばれるオアシスがある。エゼネ・オアシスは年間降雨量が五〇ミリメートルにも満たない、中国で最も乾燥した地域に属する。だが、エゼネ・オアシスの標高が相対的に低いために、黒河上流に位置する祁連山脈に降りそそいだ降雪雨が河川となって流れ込んでいる。そのため、黒河下流域の土地景観はモンゴル語で「ゴビ」とよばれる広大な礫砂漠と、その中に流れ込むモンゴル語で「ゴル」とよばれる河川および河川沿いに形成された川辺林である。この川辺林一帯がエゼネ・オアシスである。

今からおよそ八〇年前の一九二六年、エゼネ・オアシスに探検にやってきたスウェン・ヘディンが残した映像資料には、まるで密林ともいえるほど木々が繁茂した川辺林の風景が映し出されている。この川辺林の主な植生は中国語で胡楊というポプラ（ヤナギ科、モンゴル語でトーライ、学名は *Populus euphratica* Oliv.）、タマリスク（ギョリュウ科、中国語で紅柳、モンゴル語でソハイ、学名は *Tamrix ramosissima* Ledeb. 属）、葦類（イネ科、中国語で芦葦、モンゴル語でホルス、学名は *Phragmites australis* (Cav.) Trin. ex Steud.）であった。スウェン・ヘディンはエゼネ・オアシスを「この世の天国」と表現した（スウェン・ヘディン、一九六六、一〇八）。

エゼネ・オアシスに暮らす人びとはエゼネ・トルゴード（額済納土爾扈特）とよばれるモンゴル人である。トルゴードはオイラート・モンゴル系の一部族で、一六三〇年頃戦乱を避けて現在の中国新疆ウイグル自治区イリ地方からヴォルガ河畔へ移動していった人びとである。その後、ロシアの強まる圧迫から逃れて、一七七一年にイリ地方に帰還している。この移住は、ロシア軍の追撃によって一〇万人もの犠牲者をだした逃避行だったという。そのおよそ七〇年前、一六九八年にヴォルガ河畔からチベットのダライラマ訪問のために派遣されたトルゴード部の大使節団はいち早く清朝皇帝に帰属した。トルゴード部は嘉峪関に牧地を与えられた後、一七三一年に牧地をエゼネに移されている。この使節団の子孫が、エゼネ・トルゴードとよばれる人びとである（宮脇、一九九五）。ほかにも、エゼネにはさまざまな出自をもつ人びとが混在している。なかでも多いのが一九三〇年頃現在のモンゴル国から社会主義化を逃れてきた人びとである（小長谷ほか編、二〇〇七）。

中華人民共和国が成立する一九四九年、エゼネ・オアシスの人口はわずか二、三〇〇人足らずだった。

エゼネの人びとが営む生業は牧畜で、「オアシス遊牧」（小長谷、二〇〇四、五）を行っていた。「オアシス遊牧」とはオアシスの豊富な植生を利用してオアシス内で季節ごとに移動を行う放牧形式である。エゼネの人びとは農業をまったく行ってこなかった。というのも、エゼネ・トルゴードがエゼネに居住するようになってからおよそ三〇〇年、農業が禁止されていたからである（額済納旗誌編纂委員会、一九九八、一四二）。

八〇歳代の牧畜民男性が中華人民共和国成立以前のエゼネ・オアシスの様子と当時の人びとの生活について以下のように語ってくれた。

サイハントーロイで生まれた。父と母と私の三人家族だった。兄がいたが、貧しかったので養子に出された。もう一人の弟も養うことができなかったので養子に出された。父は奉公に出ていた。貧乏で母と二人でヤギを放牧した。一〇歳から家畜を放牧していた。家畜はヤギとヒツジである。ヤギ五〇頭から六〇頭、ヒツジ一〇余頭、ロバ一頭だった。奉公にでて、子畜をもらいながら家畜を増やしていった。

土地は広く、家畜は少なかった。家畜の多い家は少なく、みな五〇頭くらいだった。農業を一切していなかった。エゼネは牧畜だけであった。今のように農業で家畜を飼養する必要がなかった。

みな遊牧していた。夏営地は胡楊があり、日影のある、草のよいところ。秋営地は家畜が胡楊の枯葉を食べるので、胡楊の多いところ。冬営地はタマリスクの多い、凍らないところ。春営地は胡楊の枯葉が多く、風がこないところだった。夏営地と秋営地は涼しいところ、冬営地と春営地は暖かいところだった。宿営地ごとに井戸があった。それぞれの宿営地は毎年同じ場所だった。宿営地はみな近かった。

漢人はほとんどいなかった。金持ちの家に雇われている人がいただけであった。

このとき、干ばつはなかった。干ばつということを知らなかった。水は多く、雨もたくさん降った。葦がよく育つ土地だった。このとき家畜は葦だけを食べていた。他の草を食べなかった。今はどんな草でも食べる。

最後の言葉が印象的である。過去と現在が対比的に語られ、水資源に恵まれた「この世の天国」であったオアシスが劇的に変化していることがうかがえる。豊富な水資源と植生の下で、オアシス遊牧を行って生活を営んできたエゼネの人びとに何が起きたのか。筆者は総合地球環境学研究所が実施するプロジェクトの一つ「水資源変動負荷に対するオアシス地域の適応力評価とその歴史的変遷」（通称「オアシスプロジェクト」）メンバーの一員として、エゼネで二〇〇三年から毎年聞き取り調査を実施してきた。その過程で、エゼネの人びとがまさに激動の五〇年を歩んできたことが明らかになっていった。

自然環境の変化――水資源の減少によるオアシスの荒廃

エゼネの人びとが直面した最も大きな自然環境の変化はエゼネ・オアシスを支える黒河流水量の激減とそれによるオアシスの荒廃である。

一九四九年以前、河の水が多かった。春は水がいっぱいで、冬は氷がいっぱいだった。エゼネには六つの河があった（牧畜民男性、七〇歳代）。

このように豊かであった河川に水が流れこまなくなる。今や、水にあふれた河川を目にすることのほうが珍しくなっていた。

過去二〇〇〇年にわたる水資源の変動を明らかにするのがオアシスプロジェクトの目的であるが、過去五〇年において水資源が減少した理由は明快である。

上（中流域）が水を流さない（牧畜民男性、六〇歳代）。

つまり、黒河中流域が下流域に流す河川水量を減らしたのである。その理由は、中流域が灌漑農業用水として河川水を大量に取水するようになったからである。

これまでは甘粛が（エゼネ旗の河川水を）管理していた。いつも水があり、草がよく育っていた。内モンゴルになってから（一九七九年）、河の水が来なくなった（牧畜民男性、六〇歳代）。

中流域からの河川流入量の減少の背景に地域主義を指摘する牧畜民が少なくない。現在、エゼネ・オアシスの行政区画は中国内モンゴル自治区アラシャー盟エゼネ旗である。旗は中国内モンゴル自治区の行政区画で、日本の郡に相当する。エゼネ旗の行政区画が一九六九年に軍事的な理由で内モンゴル自治区から甘粛省に変更され、一九七九年に再び内モンゴル自治区に変更された。その直後から黒河中流域を管轄する甘粛省が自らの管轄でなくなった下流域エゼネ旗に河川水を流さなくなったというのである。

河川水の減少によって黒河の末端にある二つの湖のうち、一九五八年に二六七平方キロメートルあったガショーンノールが一九六一年に消失する。もうひとつのソブノールは一九五八年に約三六平方キロメートルあったのが年々縮小し、一九九二年には完全に干上がっている（楊編、二〇〇二、六、七）。ただし、ソブノールは二〇〇三年から規模は小さいながらも再び姿を現している。河川水の減少は河川や湖沼の消失を引きおこしただけではない。

一〇数年河の水が少なくなった。地下水も低くなっている。井戸は三メートルで充分だったのが、七メートルでも水が出なくなった。ガショーンのが多い（牧畜民男性、四〇歳代）。

「ガショーン」とは、モンゴル語で苦いや塩辛いを意味する。「ガショーン」になった水を飲用すると下痢になるため、人間の飲用に適さなくなるという。このような地下水位の低下や地下水の水質悪化を訴える声を行く先々で耳にした。

河川流水量の減少、地下水位の低下などによって、豊富な河川水に支えられた緑豊かな川辺林は急速に荒廃が進んだ。

ソブノールは去勢オスラクダが一日で回りきれないくらい大きかった。家より背の高い葦があった。ソブノールに水が来なくなり、葦の根が外に出てすべて枯れた（牧畜民男性、八〇歳代）。

ソブノール付近で遊牧していた六〇歳代の牧畜民によると、七〇年代から河川水が来なくなったために、毎日三〇〇頭以上のラクダに水を供給していた水深一〇メートルの開放井戸が涸れてしまったという。そのため、六〇年代まで、ラクダが見えないほどの背丈の草が生い茂っていたのが、今は地面をやっと覆う程度になってしまったそうである。

この結果、一九五八年から九〇年代半ばまでのおよそ四〇年の間にポプラ、タマリスクなどが約二五万ヘクタール消失し、八〇年代から約二〇年間でエゼネ旗における土地荒廃面積は三二パーセント増加した（楊編、二〇〇二）。今や、エゼネ旗は黄砂の発生源の一つとされている（李主編、二〇〇二／杉本ほか、二〇〇二）。

水資源の減少によるオアシスの荒廃が、エゼネの人びとが過去五〇年の間に経験した自然環境の変化であった。筆者自身、毎年エゼネを訪れ四輪駆動車で駆け回り荒廃するオアシスを目の当たりにしてきた。聞き取り調査を重ねる中で、かつてのエゼネは河川水が豊富で、木々が生い茂っていたこと、たくさんの野生動物に恵まれていたという語りと現在の隔たりに大いに驚いた。

社会環境の変化――軍事基地の建設、人口増加、農業生産の拡大

エゼネの人びとが経験したのはこうした目に見える自然環境の変化だけではなかった。人びとは軍事基地の建設、人口増加、農業生産の拡大という三つの大きな社会環境の変化を経験する（小長谷、二〇〇四）。

軍事基地の建設

黒河はエゼネ・オアシスに入ると、現在「十号」と呼ばれる国防科研基地で二つに分流する。エゼネ旗で「号」の付く地名は軍事用地を意味する。この国防科研基地は、一九五八年に人民解放軍がこの分流地点に暮らしていた一九七戸の牧畜民と一つのチベット仏教寺院を移住させて駐屯し建築した軍事基地である（額済納旗誌編纂委員会、一九九八、一九）。

絶えることなく河川水が流れ込む分岐点はエゼネの中でもとりわけ豊かなところであったとい

う。

現在十号と呼ばれるボルオールに住んでいた。バヤンボグドともよばれる。バヤンボグドには湖がたくさんあった。河の水がいつも来ていた。雨がたくさん降っていた（牧畜民男性、六〇歳代）。

豊かな河川の分岐点に暮らしていたエゼネの人びとは突然やってきた軍隊に強制的に移住させられる。当時わずか二歳だった牧畜民の女性は移住の際に祖母が涙を流しながらバヤンボグドに向かってチベット仏教式の五体投地をしていたのを今でも覚えているという。のちに、祖母になぜあの時泣いていたのか尋ねると、こんなよい牧地を去らなければならないことを思って泣いていたと語ってくれたそうである。まさしく強制移住であった。

その後、多くの家畜が移住先の新しい牧地に慣れず死んだという。

エゼネが軍事拠点として選ばれた理由はエゼネの辺境性と地理的重要性である。

広大なゴビの中に形成されたオアシス、エゼネはモンゴル高原と河西回廊を結ぶ南北交通の要衝であった。同時に、対北方民族の最前線基地として屯田兵の食糧基地としても重要な役割を担ってきた（籾山、一九九九）。近現代でもその重要性はかわっていない。一九三六年から一九三七年にかけて日本の関東軍の特務機関が政治工作を行っている（萩原、一九七六）。六〇年代からはじまる中ソ対立の先鋭化はモンゴル人民共和国（当時）と長い国境線を持つエゼネ旗に前線基地としての性格を与えた。一九六四年ロプノールで実施された核実験と連動する形で、エゼネで弾道ミサイルの実験が実施されていたという。現在、この人民解放軍駐屯地の利用は弾道ミサイルの実験地をへて、一九七〇年には衛星ロケット発射台、近年成功した有人ロケット発射台と拡大している。

軍事施設の建設はエゼネの人びとから最もよい牧地を奪い、強制的に移住させただけではない。軍事施設によって化学物質汚染がエゼネにもたらされていると多くの人が考えていた。六〇歳代のある牧畜民男性は筆者に強い調子で軍事基地での実験で乾燥化が進み、かつガンや白血病が増えていると語った。のちに、筆者はこの方が白血病を発症していたことを知った。

人口増加

エゼネ旗の総面積は一〇二、四六一平方キロメートル、日本の総面積の約三分の一に等しい。しかし、エゼネ旗の人口はわずか約一・七万人（二〇〇四年）、一平方キロメートルあたりの人口は約〇・一六人にすぎない。とはいえ、一九四九年にわずか二、三〇〇人だった人口は五〇年の間に七倍以上増加している（図1）。

人口増加とは都市化のプロセスでもあった。河畔沿いに建設された小都市、ダライフブ鎮はエゼネ旗人民政府所在地であるが、ここに人口が集中する。一九七九年ダライフブ鎮の人口は四、五八八人、総人口の三分の一が居住するようになっていた。さらに一九九〇年には八、七九一

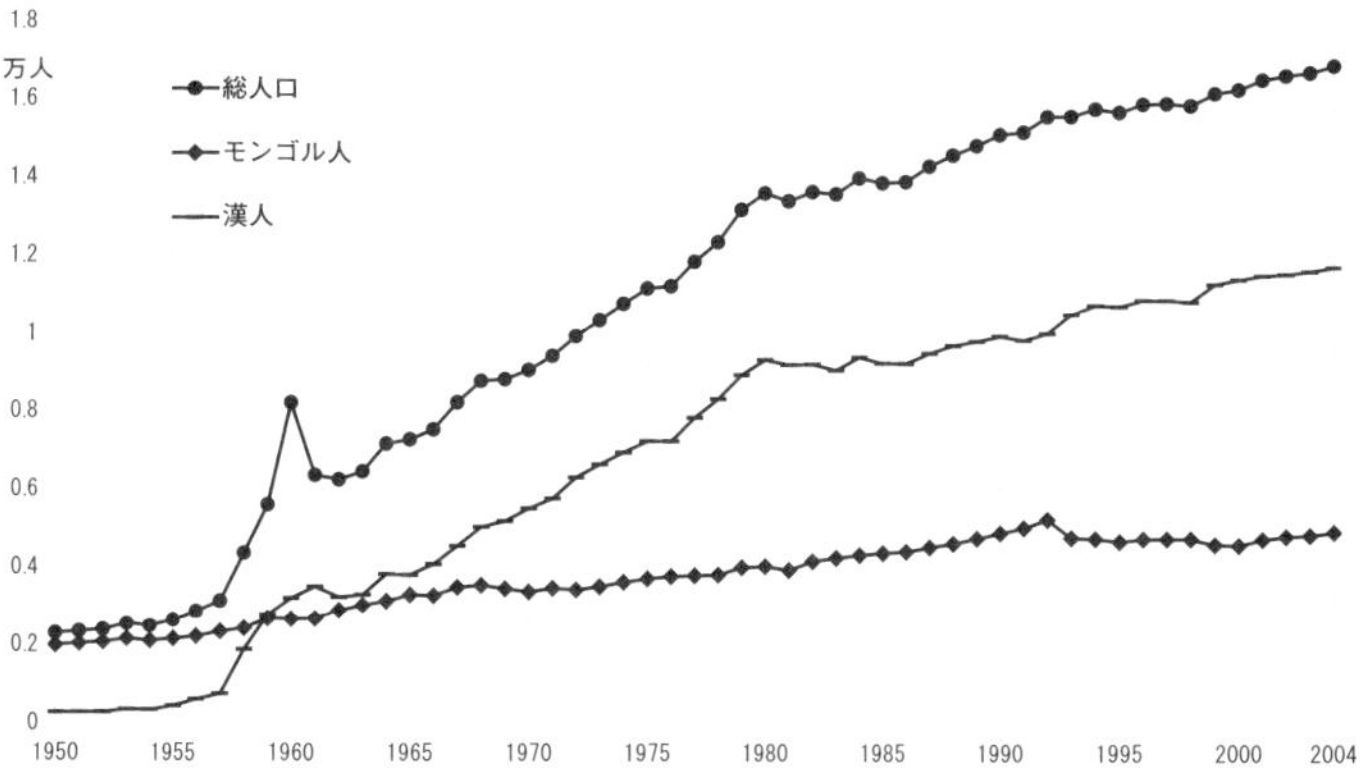

図１　エゼネ旗における総人口と民族別人口の推移（1950～2004年）

人、総人口のおよそ半分の人口が暮らすようになる。

　この人口増加の主な原因は他地域からの漢人移民の増加である。

　漢人の人口増加は人民公社が設立された一九五八年から急激にはじまる。なかでも一九六〇年の漢人の人口増加がとびぬけて著しい。それは、大躍進失敗による大飢饉により甘粛省などから大量の漢人が流入してきたからである。

> 五八年から六〇年の間にやってきた漢人は飢えて家畜の角を焼いて出てきたものを食べていた。子ヤギの羊膜を洗って焼いて食べていた。死んだ肉も食べていた（牧畜民女性、六〇歳代）。
>
> 六〇年代から漢人が多くなった。漢人は貧

しかったのでやってきた。子供を背負って何ももたずやってきた人もいた。布団さえない人もいた。歩いてきていた。六日間、遠いところからだと半月かかってやってきたそうだ。彼らは人の仕事をしたり、家畜を放牧したりしていた。死んだ小型家畜を焼いて食べたり、ラクダの骨を焼いてしゃぶっていた。野生植物を食べていた。ゴビでは、死んだ家畜の乾いた骨を食べていた（牧畜民男性、七〇歳代）。

死んだ家畜の肉を決して食べないエゼネの人びとにとってその光景は異様なものだった。

その後も漢人人口は急角度で上昇し続けた。

人口増加を民族別にみると、モンゴル人の人口が過去四〇年の間におよそ二・五倍しか増加していないのに対し、漢人の人口増加は四五倍である（図1）。

一九四九年に総人口のわずか一割強に過ぎなかった漢人人口は、五五年後の二〇〇四年には総人口の七割を占めるようになる。他方、一九四九年に九割近くを占めていたモンゴル人人口は五五年後の二〇〇四年にはわずか三割を占めるにすぎなくなっている。

農業生産の拡大

この急激に増加した人口、なかでも漢人の人口増加を支えたのが農業生産の拡大である。

人民公社が設立される二年前の一九五六年にエゼネ旗で河川水を利用した灌漑農業がはじまる。

農業生産の開始にあたってまずオアシスが開墾され、家畜を入れさせないために農地に囲いが作られたという。主な栽培作物は小麦で、食糧生産を目的としていた。

六〇年代後半に入ると、農業が大規模に実施されるようになる。文化大革命（一九六六年～一九七六年）を背景とした農業推進政策が実施されたからである。川辺林内に農業地区が設置され、文化大革命で迫害された人びとが農作業に従事させられたという。一九五八年に軍事基地建設のためにバヤンボグドから強制移住させられた六〇歳代の牧畜民女性は文化大革命期に迫害され、川辺林の開墾に従事させられたことを生々しく語ってくれた。

故郷はバヤンボグド、十号で、軍隊が来たので移住した。一三歳のときだった。バヤンボグドを出て、サイハントーロイに来た（図2）。そこに数カ月住んだ。それから、ゴルノイに移住し、四年間住んだ。ゴルノイで結婚した。夫もバヤンボグド出身だった。一九六一年から一九六六年までマーゾンシャンに行った。ソムごとに移住した。粛北にいた。そこが甘粛省の管轄になり、一九六六年サイハントーロイの紅星隊に来た。一九六七年文化大革命で夫は殴られて死んだ。金持ちだったということで罪人にされた。一歳の息子も死んだ。義母はとても貧しかったのに、罪人になり、文化大革命中に亡くなった。長女は「黒い子（罪人の子）」にされ、口の中に砂を入れられた。

一九六七年から一九七〇年まで次男とタマリスクを掘り起こして、農地をつくった。それ以

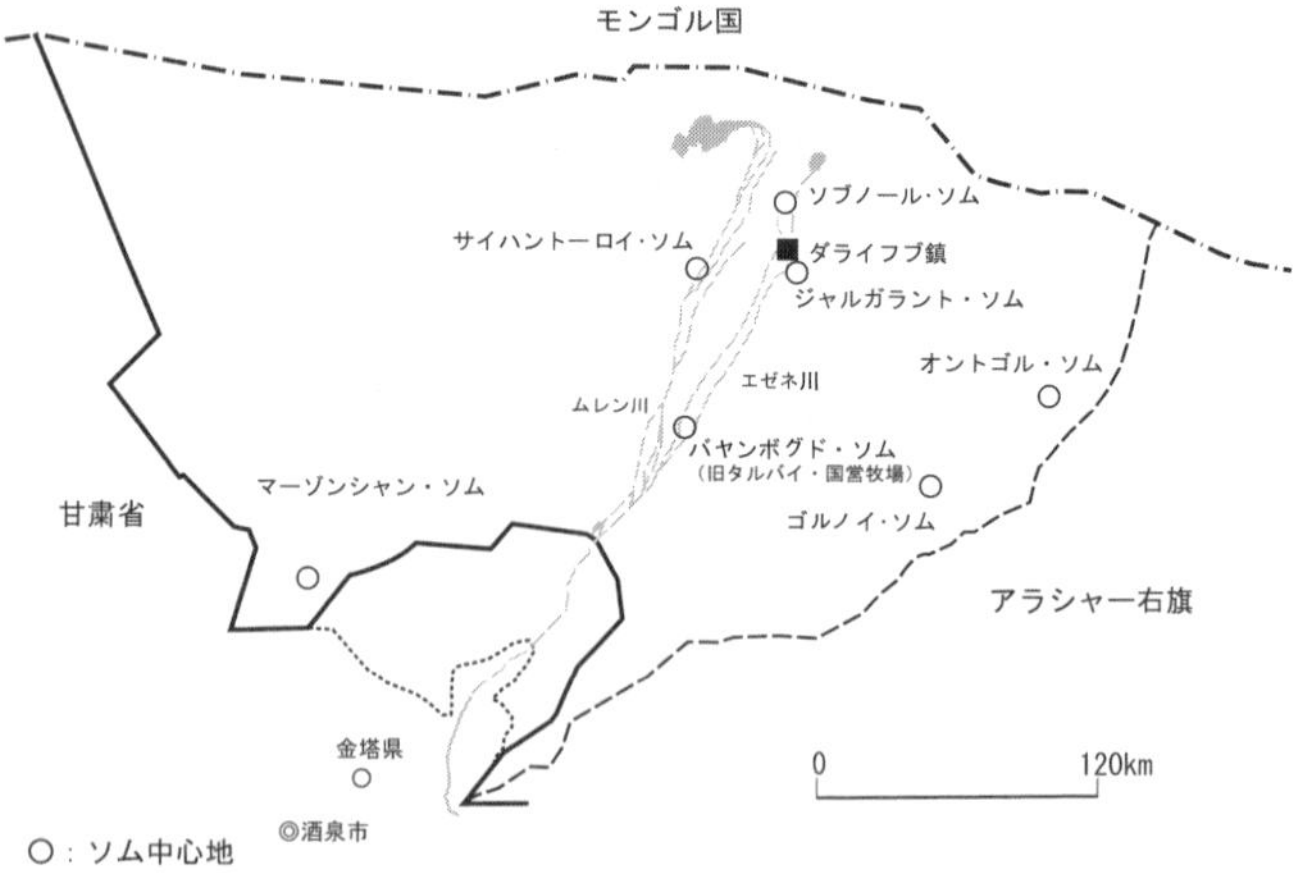

図2　エゼネ旗

後は家畜を放牧した。長女と長男は家に住めず、他人の家でヤギを放牧させられていた。

オアシスを大規模に開墾した結果、一九五五年にはじまり、一九五六年にわずか二七ヘクタールであった耕地面積は七〇年代には三、五〇〇ヘクタールに増加した（図3）。つまり、オアシスを開墾するために、三、五〇〇ヘクタールもの胡楊をはじめとするオアシスの植生が破壊されたことになる。

乾燥地における灌漑には大量の水を必要とするが、河川水の減少にともない、地下水が利用されるようになる。六〇年代には開放井戸、七〇年代からは深井戸が利用されるようになっていった。

このように、六〇年代、七〇年代に農地が急

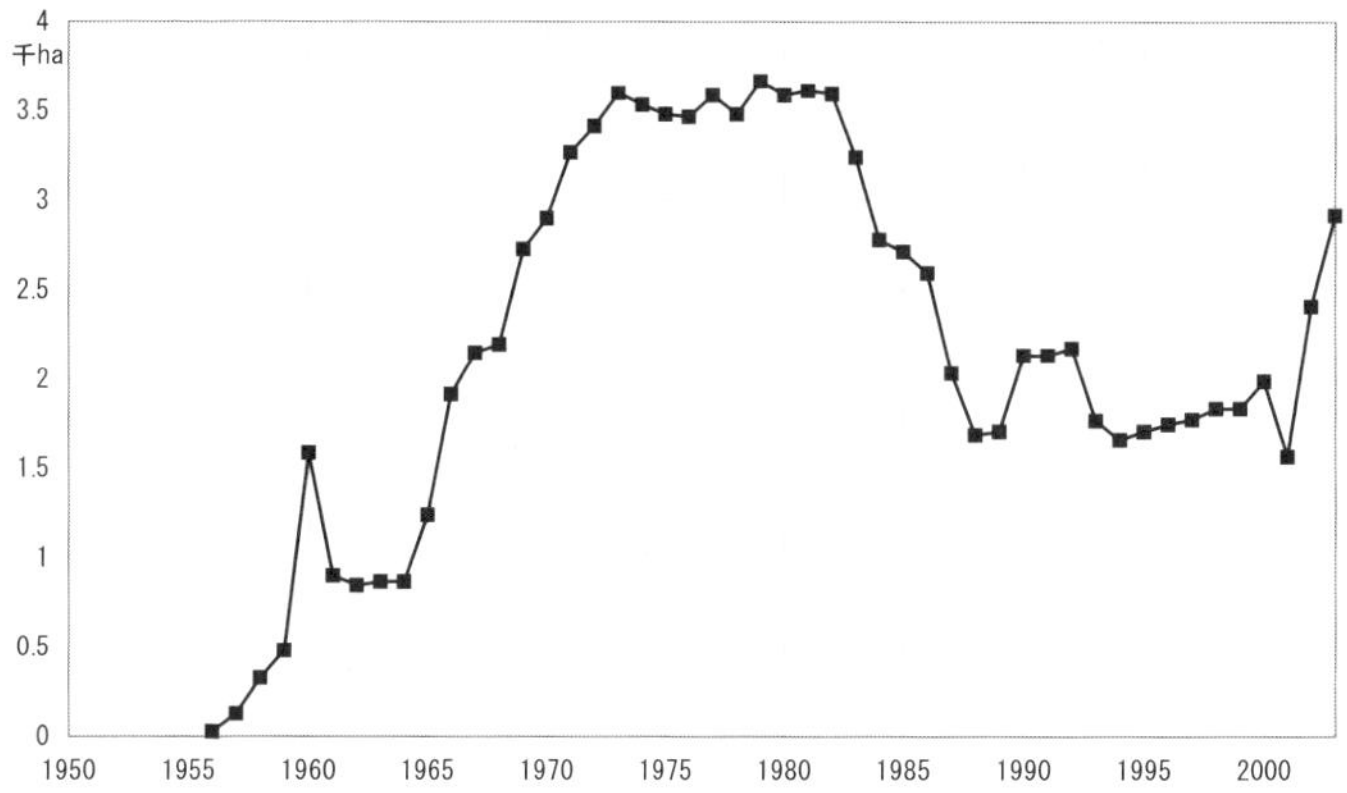

図３　エゼネ旗における耕地面積の推移（1950〜2003年）

激に拡大したが、エゼネの人びとにとって、農業生産とは強制されたものであった。

> 畑を作ること、土地を掘り起こすことをとてもきらっていました。シャベルを上に向けておいていました。まきの利用で生枝を切るようなことはなかったです。ゴヨウ（鎖陽科、中国語で鎖陽、学名は *Cynomorium songaricum* Rupr. 漢方薬の材料である）を掘るようなこともなかったです。井戸を掘るにもラマを呼んで掘らねばなりませんでした。草刈りもしていなかったです。山の石を動かしてもいけなかったです（牧畜民女性、七〇歳代）。

つまり、エゼネの人びとは農業、生枝の伐採や井戸を掘ることが牧地を悪化させるということを経験的に知っていて、これらを忌避する知識と習慣をもっていたのである。しかし、これらは人民公社時代、とりわけ文化大革命期において農業生産が拡大する過程で失われてしまった。

八〇年代になると、人民公社が解体して生産責任制が導入される。生産責任制とは「草畜双承包」、つまり家畜と土地の分配である。土地の分配とは土地使用権を長期の契約で世帯ごとに与えるものである。土地はゴビを除いて、共有地を残さずすべて各世帯に分配された。それまでの農業推進政策が見直され、かわって林牧推進政策が実施された。一九八七年に、政策方針が転換し、農牧推進政策が実施された（額済納旗誌編纂委員会、一九九八、一八七）

一九八三年以降、総耕地面積は減少し、一、九〇〇ヘクタール前後で推移している（図3）。およそ一、六〇〇ヘクタールもの農地が放棄されたことになる。これまでの食糧生産を目的とした小麦栽培にかわって、牧草生産を目的としたトウモロコシやコウリャンなどが栽培されるようになった。

九〇年代になると、さらに耕地面積は減少する。耕地面積の減少に並行して、綿花、スイカ、メロンなどの経済作物が普及しはじめる。綿花栽培の利益は一ヘクタールあたり一・五万元といわれている。これは二〇〇〇年におけるエゼネ旗の農牧民の一人あたりの平均純収入（二、七六五元）のおよそ五・四倍である（内蒙古自治区統計局編、二〇〇一、八二四）。

二〇〇二年からこれまで減少を続けてきた耕地面積が再び増加する（図3）。耕地面積の増加は経済作物の栽培面積の増加によるものであり、その背景には二〇〇二年から実施されている生態移民政策がある。

牧畜経営の変遷

こうした著しい自然環境と社会環境の変化の中で、エゼネの人びとの牧畜経営は大きく変容する。

エゼネの人びとが飼養していた主な家畜はモンゴル語でマル（mal）と呼ばれるヤギ、ヒツジ、ラクダ、ウシ、ウマの五畜とロバである。

これら家畜数は一九四九年から人民公社設立の一九五八年までの一〇年間で急激に増加し、その総数は一九四九年の二万頭から一三万頭、六・五倍に増加した（図4）。だが、六〇年代から の耕地面積の増加に反比例して、一九六六年から総家畜数は減少に転じ、一九六九年には九万頭以下にまで減少した。この減少は農業推

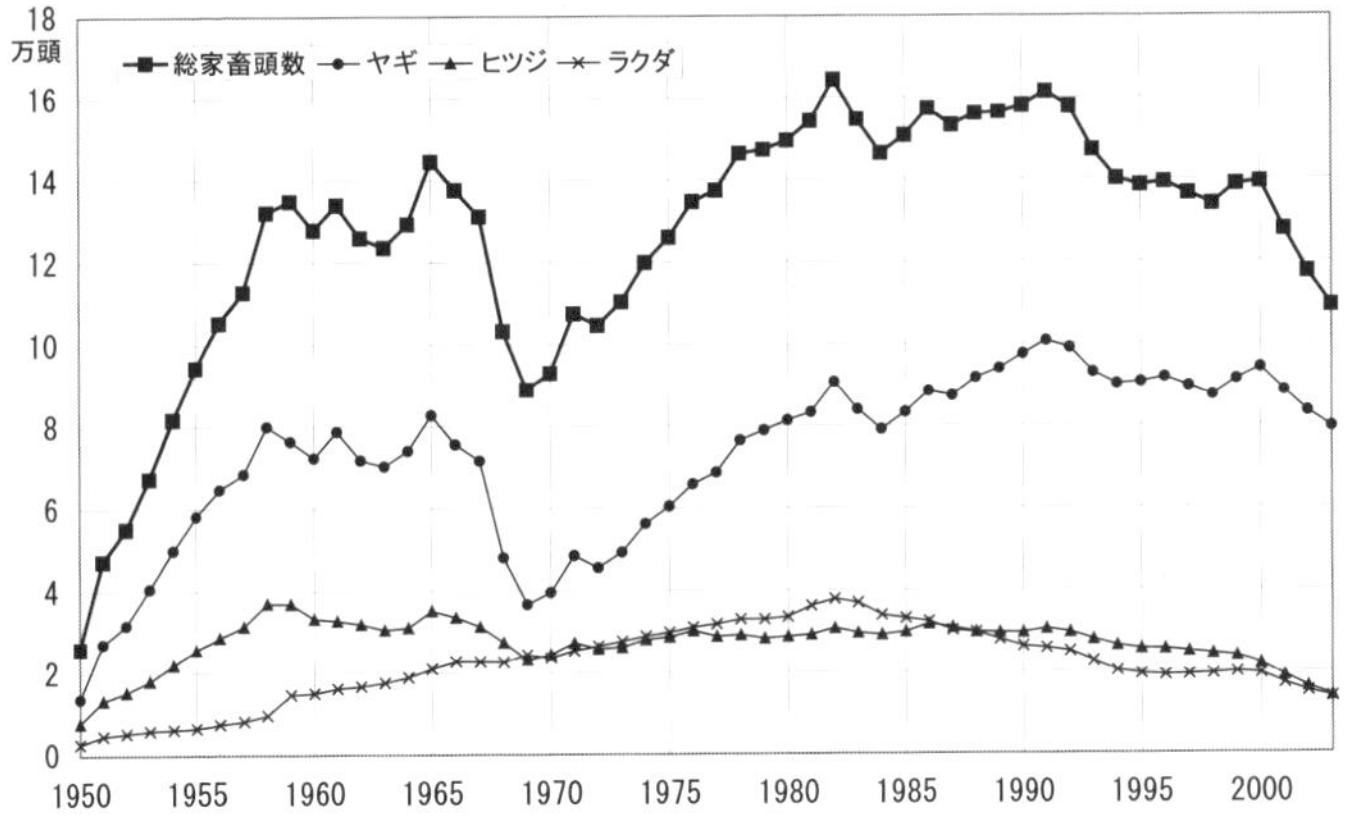

図4　エゼネ旗における総家畜頭数と主要な家畜頭数の年推移（1950～2003年）

進政策によって、家畜の世話を十分に行うことができず、多くの家畜が死亡したためであるという。とくに、一九六八年と一九六九年に家畜数の減少が著しいが、それは迫害を受けた人びとが飼養していた家畜も悪いといって、多数の家畜が、とりわけヤギは牧地に悪いと大量に屠殺されたからである。

文化大革命が終息すると、総家畜数は徐々に回復し、生産請負制が導入される直前の一九八二年には一六万頭に達した（図4）。しかし、河川水量の減少とオアシスの荒廃にともない九〇年以降家畜数は減少に転じ、とりわけ二〇〇二年からの減少が著しい。

この過程でオアシスの豊富な植生を利用した「オアシス遊牧」が大きく変容する。

昔は農地がなく、草はとてもよかった。人民公社ができてから農業をはじめた。年々農地を大きくしていき、今は放牧をする場所がなくなった（牧畜民女性、六〇歳代）。

六〇年代から本格化する農業生産の拡大によって、エゼネの人びとは牧地をオアシス外に求めざるを得なくなった。その行き先は、オアシス外に広がるゴビであった。とりわけ、農作物の収穫が終わるまで、ゴビで家畜を放牧することを強制されるようになる。

こうしたなかで、家畜構成とその比率が大きく変化する。水資源の減少とオアシスの荒廃、ゴビでの放牧は、栄養価が高く、背丈の高い草を好むウシの飼養を困難にさせ、ウシの頭数を急減させた。その一方で、農作業に利用されるラバが一九五〇年、農産物で肥育するブタが一九五七年から飼養されはじめている。

一九八三年の生産責任制の導入によって、牧畜経営が家族ごとに行われるようになる。川辺林内では土地の分配によってこれまでのような自由な放牧が不可能となり、定着化が進んだ。定着化が進むにつれて、広大な牧地を必要とするウマとラクダが減少する。ヤギのみが九〇年代まで増加を続け、ヤギに特化した家畜構成となった。その理由はヤギのカシミア毛の売却価格の高騰とヤギの乾燥化に強い生態学的な特徴のためである。

定着化と土地荒廃のなかで牧畜経営の二極化が進んでいる。

一つは、牧地が分配されていないゴビを利用し、季節移動によって主にヤギとラクダを飼養する、農業生産に依存しない牧畜経営である。

もう一つは、分配された牧地内での放牧と飼料の灌漑栽培によって主にヤギを飼養する、農業生産に依存した牧畜経営である。

この牧畜経営の二極化を水資源に着目して分類すれば、前者を水資源節約型、後者を水資源浪費型とできよう。後者の水資源浪費型をさらに促進するのが生態移民政策である。

エゼネの現在——生態移民政策

生態移民政策とは、オアシスの保全を目的にオアシス内で暮らす牧畜民と家畜をオアシス外に移住させてオアシス内での放牧を禁止するという政策である。生態移民政策の対象人口はエゼネ旗の総人口の一割以上にのぼる。

これまで暮らしていた土地から締め出されることになる牧畜民は、生態移民政策を一九五八年の軍事施設を建設するための強制移住と重ね合わせながら、大きな不安を感じていた（小長谷、二〇〇五）。

移住先は人民政府所在地郊外および各村に建設された移民新村（通称移民村）もしくはマーゾンシャン地域である。マーゾンシャン地域は旗内でも辺境の地で、人民政府所在地から三〇〇キロメートル以上離れたところにある。そのため、マーゾンシャン地域に移住した家族は八戸のみで、ほとんどが移民村に移住することになっている。

移民村に移住する牧畜民は灌漑栽培した飼料によって転入地で畜舎飼育に従事、もしくは第二次、第三次産業に従事することとされている。飼料栽培に農地が二、六七〇ヘクタール、灌漑に電動式ポンプ井戸が一一〇基整備されることになっている。生態移民用に整備される農地は二〇〇一年のエゼネ旗の総耕地面積を上回る規模である。灌漑に河川水と地下水を利用してきたエゼネでは、河川水量の減少と農業生産の拡大によって急激に地下水への依存が高まっている。しかし、すでに河川水量の減少によって地下水位の低下が起きているなかでの地下水の大量くみ上げは、さらに地下水位を低下させる危険性が高い。乾燥地における灌漑には塩害のおそれもある。筆者はすでに生態移民政策が環境保全とは裏腹に、地下水資源を枯渇させる危険性を有していることを指摘している（児玉、二〇〇五）。

生態移民政策とは、エゼネの人びとが過去五〇年間に体験し、高い代償を払ってきた強制移住、農業生産の拡大という要素をもつ政策であるといえよう。それゆえに、多くの牧畜民が不安を感じていたのである。

政策が施行されると、牧畜民は、移住後、自分たちの生活をどのように成り立たせていくのかというまさに生活に根ざした死活問題に直面した。というのは、移民村に移住した牧畜民の多くが畜舎飼育や第二次、三次産業への就業では生活に必要な収入を得ることができないでいたからである。そのため、一部の牧畜民はこれまで飼料を栽培していた農地や生態移民政策の一環として飼料栽培用に分配された農地で経済作物を栽培しはじめている。この際、農業を不得手とする多くの牧畜民は他地域出身の主に漢人に農地を貸し出していた。農地を借り上げた漢人は、大量の季節労働者を連れてきて川辺林を大規模に開墾し、経済作物を栽培する。川辺林の新たな開墾は違法であるが、生態移民政策が農業生産に基礎をおくこともあって、半ば公然と行われていた。エゼネ・オアシスを守るべく実施されている政策は、エゼネの人びとに大量の水資源の消費をうながし、加害者となることを強いるものであるといえよう。

いる。

おわりに――持続可能な水資源利用にむけて

エゼネの人びとは過去五〇年で多くのものを失った。水資源が奪われ、豊かなオアシスを喪失した。軍事基地の建設、人口増加、農業生産の拡大という社会環境の変化は、エゼネの人びとの暮らしを大きく変容させ、豊かなオアシスを守ってきた知識と習慣が失われた。現在、エゼネの人びとはオアシスから締め出され、農業生産に従事して、水資源を使い尽くすことを強要されている。

二〇〇五年は河の水が来ないので、みんな地下水で灌漑している。河の水が来ないと井戸の水もなくなる。秋に家畜に与える水もなくなる。水が来ないと生活できない。刈る草もなく、木も枯死してしまうだろう（牧畜民男性、五〇歳代）。

そして今、故郷そのものまで奪われようとしている。

一〇年水が来なければ、カラ・ホトになる（牧畜民男性、八〇歳代）。

カラ・ホトとは水資源の枯渇によって生活資源を奪われ廃墟と化した有名な西夏と元代の都の

遺跡である。つまり、エゼネの人びとは、自分たちの故郷、エゼネ・オアシスを一三世紀に放棄された廃墟と重ね合わせ、ここから立ち去らねばならない状況にまで追い込まれていると強く認識しているのである。エゼネの人びとがようやく手に入れた故郷を思う気持ちは、漢代における家族を残してやってきた屯田兵たち（籾山、一九九九）や現在の出稼ぎ労働者とは比べものにならないくらい強い。

漢人は、よその土地にやってきて悪くなればまたよその土地へ行く。モンゴル人は、悪くなってもここにとどまり、ここで死ぬ（牧畜民男性、六〇歳代）。

歴史を繰り返さないために、何ができるのか。エゼネの人びとの未来は、今後の水資源と環境保全に関する政策にかかっている。その鍵は、豊かなオアシスを持続的に利用してきたかれらの知識と経験にあるのではないか。エゼネの人びとをオアシスから締め出すのではなく、持続的な資源利用を支えてきたかれらの知識と習慣に学びながら、その解決策を探っていかなければならない。

参考文献

額済納旗誌編纂委員会、一九九八、『額済納旗誌』方志出版社

萩原正三、一九七六、『関東軍特務機関シルクロードに消ゆ』ビブリオ
スウェン・ヘディン、一九六六（一九七八）、「ゴビ砂漠探検記」（梅棹忠夫訳『ゴビ砂漠探検記　世界の屋根を越えて　ベドウィンの道』筑摩書房、五～二〇五頁）
児玉香菜子、二〇〇五、「「生態移民」による地下水資源の危機」（小長谷有紀・シンジルト・中尾正義編『中国の環境政策「生態移民」』昭和堂、五六～七六頁）
小長谷有紀、二〇〇四、「中国内蒙古自治区アラシャン盟エチナ旗における自然資源の利用」（『オアシス地域研究会報』四－一、一～六頁）
小長谷有紀、二〇〇五、「黒河流域における「生態移民」の始まり」（小長谷有紀・シンジルト・中尾正義編『中国の環境政策「生態移民」』昭和堂、三五～五五頁）
小長谷有紀・サランゲレル・児玉香菜子編、二〇〇七、『オーラルヒストリー――エジネーに生きる母たちの生涯』（オアシス地域研究会報別冊）、オアシスプロジェクト研究会（総合地球環境学研究所）
李埃新主編、二〇〇二、『緑の贊歌（二）』内蒙古阿拉善盟黒河水事協調辦公室
籾山明、一九九九、『漢帝国と辺境社会』（中公新書）中央公論新社
内蒙古自治区統計局編、二〇〇一、『内蒙古統計年鑑――二〇〇一』中国統計出版社
宮脇淳子、一九九五、『最後の遊牧帝国』講談社
杉本伸夫・清水厚・松井一郎・鵜野伊津志・荒生公雄・陳岩、二〇〇二、「連続運転偏向ライダーネットワークによる黄砂の動態把握」（『地球環境』七－二、一九七～二〇七頁）
楊炳祿編、二〇〇二、『額済納河』阿拉善盟黒河工程建設管理局・額済納旗水務局

消え行く歴史——ある老女の語りから

小長谷　有紀
サランゲレル

二〇〇〇年八月に初めてこの地を訪れたとき、わたしは、現地の人びとが語る昔の話と今の様子とのあまりの違いに驚きつつ、そしてそれゆえに自然環境の激変に関する調査の必要を感じつつも、おそらくもう二度と来ることもないだろうと思っていた。広大なモンゴル高原を調査対象としていると、人との出会いばかりでなく、場所との出会いもまた一期一会であると常日頃から感じていたからである。

しかし、その後、わたしは何度もここを訪問することとなった。総合地球環境学研究所の「水資源変動負荷に対するオアシス地域の適応力評価とその歴史的変遷」通称「オアシスプロジェクト」と呼ばれる研究が当該地域を対象地域として取り込んで開始されたからである。

現地でわたしが知り合った人びとをプロジェクトのメンバーたちに幾度も紹介しながら、わたし自身はお年寄りの話を聞いてまわった。現在、七〇歳以上で、なおかつ記憶がしっかりしていて、町に住んでいる人なら、おそらくすべてお会いしたであろう。そのうち老女たちはおよそ二〇名ほどである。そのうち一〇名については中央民族大学のサランゲレル先生とともにインタビューを行った。その後、彼女はさらに、内モンゴル自治区の首府フフホトまで出向き、エゼネから移住した人たちと会ってインタビューを続けた。

これらの語りは、本人の許可を得て録音し、まずモンゴル語で書き起こし、日本語に翻訳する作業を経ている。本稿ではそれらのうちから主として一人の語りを紹介することによって、当該地域の「生きられた世界」を伝えたいと思う。それは、文書に記録された歴史ともちろん呼応しているけれども、しかし、語りとして記録されなければ残ることのない、消え行く歴史でもある。

艱難辛苦の近代

ドルマンツォーさんは酉年生まれの八三歳（二〇〇四年一月当時）。中国内モンゴル自治区アラシャー盟エゼネ旗の人となって久しいが、一九二一年に現在のモンゴル国で生まれた。モンゴル国中央部、当時はいまだ社会主義革命前夜のトシェートハーン盟メルゲンワン旗にあるバヤン・オボーという寺に属するロボン・バルドブという人の子として生まれた。父が僧侶だったため、社会主義思想の普及とともに僧侶が粛清されるという噂を聞いて直ちに南へ逃れてエゼネへやって来たのである。

母親はルハムジャブという人だった。母親は一人娘で、兄弟姉妹一八人のなかで唯一の娘だったので、たいへんわがままに育ったと言われている。モンゴルにいたときは「ゴンチョグジャブさん（ルハムジャブの父）の子どもたちはヒツジやヤギよりも多くなるんじゃないか」などと言われていたそうだ。それほど兄弟姉妹が多いので、夕食には鍋いっぱいに骨付きの肉を煮ても一人に肋骨が一本当たるくらいだったと、母は話していたと、彼女は聞いている。

ドルマンツォーさんは、母親の妹のジグデル叔母によくなじみ、離れることができなかったため、四歳のとき、叔母のジグデルとその夫のソノムダルマという人の家に養子になった。したがって、ドルマンツォーさんの言う「わたしの父母」「わたしの家」とはこの養父母の家を指す。

ドルマンツォーさんは、生みの母からは兄弟姉妹が一二人生まれたと言うが、ロブサンジャムス、オヒン、ハンドマーム、ソノムツェレン、ドルマンツォー、ダリ、マグサルなど自分自身を含めて七人の名前しか思い出せなかった。彼らは実の両親とともにエゼネにいたが、一九四〇年代初期、東方におよそ一、〇〇〇キロ離れたシリンゴル盟のスニトへ移住していった。その後、一九四五年の解放戦争の際にモンゴル軍につかまり、モンゴル人民共和国（当時）に戻って行ったと言う。

語りでは、こうしたモンゴル国のことは時代にかかわらず、つねに「ハルハ」として言及される。ハルハとはモンゴル国中央部に住む多数派集団の名称であり、それが地域名称としても言及されるのである。

実の兄弟姉妹のなかでは妹のダリさんが唯一人エゼネに残っている。インタビューはドルマンツォーさんのフフホトにある娘の家で行われた。

――最初にモンゴル（人民共和）国からやって来たときの状況を話していただけますか？

わたしははっきり覚えていません。しかし、年寄りたちが話していたことから少しわかるようになりました。

一九三〇年にモンゴル国からこっちに出て来て、砂丘を越えてツェへという村に入って来たそうです。わたしは当時九歳で、荷積みのラクダに乗って来たとき、エゼネの葦は頭に届くほどの高さでした。わたしの家族は、両親（養父母のこと）と二人の兄（養父ソノムダルマの実子）とわたしの五人で、ゲル一軒と六、七〇頭の家畜をもって、数頭のラクダに荷物を乗せて出発したのですが、道中、ハルハの軍隊が後ろから追跡して来たので怖くて家畜やゲルなどすべての持ち物を置いて逃げて来たそうです。

一頭のラクダに大事な荷物を乗せてしばらく進んでいましたが、母はやむなくその荷物を降ろしてそのラクダに乗ると、兄のバダラはその降ろされた荷物を拾って背負って逃げて来たそうです。

兄のバダラはたいへん有能な人でした。その後も商売のためにエゼネからハルハに何度も行って、家畜と品物を交換する商売をしていましたが、一九三九年にハルハに行ってから戻って来ませんでした。国境外に逃亡した者がたびたび往来しているということでハルハ軍に捕まったそうです。彼はその後もずっとハルハにいて、学校の教師をしていましたが、一九九〇年に亡くなりました。

兄のバダラは辰年で、一九一六年生まれでした。バダラは下の兄で、上の兄の名前はソロンケルと言います。彼は僧侶でした。お寺にいて、寺の経理係をしていました。その後は寺の家畜の世話をしていました。

わたしたちが砂丘を越えてマンハン・ツェへというところにやって来ると、ハルハ軍はわたしたちを追わなくなり、戻って行ったそうです。国境を渡ってしまったので追えなくなったわけです。マンハン・ツェへに着いてから、兄のバダラが北の方へ戻って、捨てて来たゲルとその他の物を取って来ました。その後、兄のバダラはたびたびモンゴルに行って家畜や生活用品などを持って来ていました。彼は少しばかりの商売もしていました。それで、人びとが「国境を出て行った者がたびたび入って来ている」と告げ口をしたためにハルハ軍に捕まったのでした。

父のソノムダルマも有能な人でした。自分の数少ない家畜を育てながら、出かけてはちょっとした商売をしていました。モンゴルへ一、二度行って来ましたが、兄のバダラが捕まってからは北のモンゴルの方には行かなくなって、中国人とちょっとした商売をして、往来して食料を運んで来ては羊毛などを売って生計を立てていました。

わたしは母と放牧をしていました。父は寺の経理係をしたことがあり、知恵のある偉い人でしたので、往来して生計を立て、自分の能力と努力で家畜を増やし、のちに一〇〇〇頭の家畜を所有するようになりました。五種類の家畜はすべてそろっていました。

その後、一九五八年に合作社ができたとき、父のソノムダルマはエゼネ旗の六人の富豪の一人として家畜を提供し、国営牧場のメンバーとされました。

わたしたちが小さかったときは、わが家はまだたいへん貧乏でした。わたしは小さいころヤギの毛皮でつくったズボンをはいてよく虱にかまれていました。小さい子どもだったので、皮ズボンの縫い目が内腿に当たって痛くなると、ズボンを太腿まで下げて、足をゆるく縛られたような形で歩くこともありました。

また、食料が乏しかったので、毎朝、兄のバダラが眼覚めるとすぐ起き上がって仏像の前に供えてある肉を取って食べているのを見て、明日から自分も早く起きてその肉を食べたいと思っていました。

――なぜハルハからこちらに移ってきたのですか?

ハルハに人民革命が発生して宗教を弾圧し、僧侶たちを虐殺し始めたので逃走を決心したそうです。わたしの実の父はロボン・バルドブという名前で、僧侶でした。わたしの実の母であるルハムジャブとわたしの養母のジグデルは姉妹だったので連座させられるのではないかと思って一緒に逃げたのでしょう。わたしの上の兄のソロンゲレルも僧侶になったことがあります。幼いときに小僧にしたそうです。

――ドルマンツォーさんはいつ結婚されてお子さんは何人でしたか？　そういったことについて話していただけますか？

いつ何年に結婚したのか覚えていません。当時は結婚式をあげたわけでもなく、ただ一緒に生活し始めただけですから。夫の名前はゴンチョグダシです。

（聞き取りにはこのゴンチョグダシ老人が同席して、ドルマンツォーさんが語るのを助けた。ドルマンツォーさんは耳も目も良いが、記憶力がやや衰えているようで、思い出せなくなっていることもある様子で、一方、夫のゴンチョグダシさんは耳が遠いものの、物覚えは良い。そこで、ゴンチョグダシさんが一部、補足しながらの聞き取りとなった。写真1）

ゴンチョグダシは申年、一九二〇年生まれの八四歳です。元来はハルハ人ですが、母親のお腹のなかにいたとき、ハルハからこっちに出てきてエゼネ川のほとりに生まれたそうです。その後、何度も親戚に会いにハルハへ行っています。あるとき親戚に会って戻って来る道中、ドルマンツォーの家族がここへ移動していたのと出会い、一緒に移動しました。約一ヶ月同行したので知り合ったわけです。

そのときは幼かったのでただ遊んでいたのでしたが、その後は結婚して共に暮らすようになりました。それで一九四四年に妊娠しました。

お腹に赤ん坊がいるとき、二人でラクダに乗ってロボンチンボ寺（現在のバヤンノール盟にある、アゴイン・スムと呼ばれる寺）に参詣に行きました。道中、ある家の屋根から一包みの草が飛んできたので乗っていたラクダがそれに驚いて走り出したものですから危うくラクダから落ちるところでした。それでわたしも怖かったせいか、お腹の赤ん坊の具合が妙に感じられ、お腹が痛くなりました。

寺から戻って来ると陣痛が始まり、いよいよ出産するとなったとき、姑が助産婦を呼んで来て胎児の具合を診てもらおうとしましたが、わたしは恥ずかしくて助産婦に診てもらいませんでした。

お腹には双子がいたのです。その一人がお腹のなかで死んでいたので、死んだ子が生まれました。もう一人はせっかく生きて生まれたのですが、すぐに亡くなりました。自分が愚かだったせいで助産婦に診てもらわなかったために最初の大事な子どもをそのように亡くしたわけです。

その後およそ七～八年間、妊娠しませんでした。一九五二年にある一家が、自分の家では子どもが育たないので引き取って育てて欲しいと頼んできたので、生まれたばかりの男の子を養子にしました。

この息子はバンタン（小麦粉を溶かしたスープのこと）を飲んで育ったので、最初はバンタン・フー

（バンタン息子）と呼んでいました。その後、一度重い病気にかかって僧侶に診てもらったところ、名前をゾーン・バンザラグチーン・ボースルン・フーと換えてくれました。それで病気がなおって、家ではバンザラグチと呼ぶようになりました。

しかし、そのあと、文化大革命のとき、その名前は古臭い仏の名前だと批判されて、ホビスガルト（革命家の意）という新しい名前を与えました。

この息子を養子にしてから五年目の一九五六年、一人の娘が生まれました。ツェベェグジャブと名づけました。こういうわけでわたしたちは息子のホビスガルトをたいへんありがたく思うようになって、「ボルガン・スールテイ・フー（クロテンのしっぽをもつ息子）」と呼んでとても大切にしています。というのは、他人の子どもを養子にしてから自分の子どもが生まれれば、その養子が連れて来てくれたという意味で、養子のことを「ボルガン・スールテイ・フー」と呼んで感謝するわけです。

写真1　ドルマンツォーさんとそのご主人ゴンチョグダシさん。2004年1月11日、フフホト市内の娘さんのお宅にて。撮影者：サランゲレル（中央民族大学）

一九五八年にもう一人の息子が生まれましたが、妹のダリの養子にしました。それには理由があります。最初の双子を亡くしたあと僧侶に占いをしてもらったとき、「これから娘が生まれれば家に残して、息子が生まれれば他人の養子にしなさい」と言い付けられたからです。そういうわけで僧侶がおっしゃったことを忘れずに息子を他人の養子にしたのです。

しかし、一九六〇年にもう一人の息子が生まれたとき、今度は他人の養子にしませんでした。大丈夫だろうと思って自分のもとに残したのですが、不幸なことに、この息子は一九七七年、一七歳のとき病気で死にました。あの僧侶がおっしゃったことを聞かなかったせいで禍をこうむったのだと思い、息子を他人の養子にしなかったことが残念に思われ、とても後悔しています。とまれ、わたしたちは仏教をたいへん信じて、大いに信仰しています。

母は五台山にお祈りに行った話をいつもしていました。母が五台山に行ったとき、手綱もつけないロバの腰に荷物を乗せて追って行きましたが、荷物はまったく傾いたりもせずに五台山に着いたそうです。とにかく仏様にお祈りに行っているわけですから、仏様が見てくださっているから、その荷物のバランスが取れていたのでしょう。そうでなければ縄で縛っていない荷物がロバの背中から落ちないわけはないだろう、と母はいつも話していました。ほんとうにそうだったでしょうね。

わたしも両親と一緒に五台山にお祈りに行ったことがあります。五台山に初めて行ったとき、生まれて初めて自動車に乗ってみました。自動車に乗るときは一人一七元の銀貨を払って乗りました。長い椅子を置いたトラックに乗って揺れられながら行きましたが、たいへん不思議な感じでした。

その後、わたしたちは家族でラクダに乗って青海省の塔爾寺に参拝に行きました。道はたいそう悪くて、とても険しく、岩に沿って山を登って行くときは滑り落ちそうになります。一度などは、連れて行ったラクダが山の狭い道を通ったとき、ラクダの肋骨あたりの皮が削られてしまうといったこともありました。今は舗装道路ができてとてもよくなりました。一九七七年に一七歳の息子を亡くしたあとも祈りを捧げるために青海省の塔爾寺に行きました。

――文化大革命のとき、信仰心をもって仏様を拝むことはできたでしょうか?

いいえ、そんなことはできませんでした。一九六六年に「六類分子」という帽子を着せられて糾弾され始めました。「反革命者」「ハルハのスパイ」「牧主・富牧」「トルゴード党員」「内人党員(内モンゴル人民革命党党員)」などという六つのレッテルを貼られて、「六類分子」になったわけです。

わたしは「富牧」として糾弾されました。一九六七年にわたしが見せしめで批判されていたのを娘のツェベェグジャブが見ていたと今でも話します。権利が剥奪され、人に会って話をすることも許されませんでした。昼間は放牧をして、夜になると、人びとの前で批判されて、「罪」を供述しなければなりません。

最初は、約一カ月間、毎晩、批判されました。その後はそれほど批判されませんでした。時おり批判されて、報告書を書かなければなりませんでした。思想改造をしている状況について報告するわけです。こうして、一〇年あまりは人権がなく、「罪人」のレッテルを貼られていました。

一九七六年ごろ、ようやく普通の人に戻ることができました。

両親はもっとひどく糾弾されました。殴られました。「牧主」とされて、たいへん苦しめられました。わたしは批判され、殴られましたが、それほどひどくありませんでした。最初、階級を定めたときは「富牧」に決まったのですが、不平を申し入れたために再度調査した結果「中牧」に決まりました。父親のソノムダルマの家は「牧主」に決まったのです。当時の階級の分け方は、一番上が「牧主」で、次いで「富牧」「上中牧」「中牧」「下中牧」「貧牧」といった順でした。

のちに名誉が回復され、慰謝料をもらいました。合作社に入ったときに提供した家畜の利息を一九八三年までに返済してくれました。少しずつ返済してくれたのですが、たぶん二、〇〇〇元はくれたでしょう。

一九八三年に家畜を私有化するとき、一人あたりヒツジ、ヤギを五〇頭配分すると聞いていましたが、わたしたちにはそれらを世話するだけの労働力が足りないと思って、一人につき三〇頭、合計六〇頭だけを受け取りました。それに二六頭のラクダを分けてもらいました。これらの家畜の代金は分割払いで二〇年返済だそうです。毎年一一四元払っていましたので、二〇〇三年に返済が終わったはずです。

わたしたちは一九九八年まで放牧地で放牧しました。そのあとは家畜を他人（ゴンチョグダシの養子の養子）に頼んで世話してもらって、わたしたち自身は旗の中心地に来て、婿と娘の近所に住んでいます。その後、二〇〇三年一月一四日にフフホト市に来て生活するようになりました。

わたしの故郷はエゼネ旗ソブ（現在はソゴという名に変更された）ノール・ソムのツェヘ・ガチャーです。今はツェヘ・ガチャーが貿易の拠点として開かれています。モンゴル国と貿易をしている場所です。

国境地域の変わらぬ意味

中国に北接するモンゴル国では一九二一年に人民革命党が創設され、社会主義化が始まった。一九二四年にモンゴル人民共和国が成立し、ソ連についで世界で二番目の社会主義国となったのである。社会主義化のうねりの中で、貴族や裕福な遊牧民のほか僧侶とりわけ高僧が、弾圧の対象となったために多くの人びとが「仏のいる国へ行こう」と南下した。とりわけ一九三七年一〇月、全国各地の寺院が焼き払われ、僧侶に対する大粛清が開始されると、貴賎や貧富にかかわらず一家に一人は僧侶にさせていたため、多くの遊牧民が師弟を守るために南下したのだった。他の事例では、一九四二年にウムヌゴビ県から南下し、一九四九年に戻ったと言うから、こうした移動は一九四〇年代まで続いていたようである。

遊牧民は、日常的に移動する。放牧という作業は家畜とともに動くことである。さらに季節的に宿営地を移動させなければならない。まばらな降雨を受けて植生の恵まれた場所へと移動する必要があり、それによって草原は持続的な利用が可能になっているのである。そして、自然環境に柔軟に対応することのできる移動力は、社会環境の悪化に対しても遺憾なく発揮される。社会主義化の波にともなう社会環境の激動に対応した移動は、遊牧民にとってごく自然な行動だったのである。

一方、中国側から放牧をしているうちに国境を越えて北上してしまった人びともいる。一九三八年生まれのツェレンナドメドさんは「モンゴルに行く前は一〇三頭のラクダをもっていました。一九四〇年にモンゴルに移住しました。国境当たりにいたラクダをハルハが追って行ってしまいました。それでわたしたちもモンゴル国に住むようになったのです」と証言している。二歳のときに北上した彼女はアルハンガイ県のホトント・ソムで小学校時代を過ごした。その後、一九五三年にウムヌゴビ県のノヨン・ソムに中国からの移住者たちが集められて、両国のあいだで実施された移民送還事業によって一九五六年に戻された。南下した人びとが必ずしもモンゴル国側へと帰っていないので、もっぱら中国側から北上した人の強制帰還だったとみてよいだろう。

モンゴル人民共和国で文字を学んだツェレンナドメドさんのような人びとは、帰国後、文化や芸術などを司る諸機関の幹部になることが多かった。それが次の時代に思いもかけない不幸をもたらすことになる。

一九六六年、その後およそ一〇年続く文化大革命が始まると、国境をまたいで移動したことのある人びとは「ハルハのスパイ」というレッテルを貼られた。とくにハルハに親戚や友人をもつ人たちのためにキリル文字で手紙を代筆していた人は、親切が仇となったのだった。内モンゴル自治区では概して「内人党員（内モンゴル人民革命党党員）」というレッテルが民族分離主義者の意味で貼られ、加えてこの地域ではモンゴル人のなかでもトルゴード族が多かったから「トルゴード党員」というレッテルもまた民族分離主義者の意味で別に用意された。

例えば、デムジトさんの証言を引いておこう。彼女は一九三六年にエゼネで生まれたが、両親はともにハルハの出身である。兄弟五人のうち一人が僧侶であり、迫害されると聞いて逃げることになったとき、両親は心配して一人の弟に同行を命じた。この弟はすでに妻とのあいだに四人の子をもうけていたが、家族を両親のもとに置いて、兄である僧侶とともに南下した。兄はエゼネでも僧侶となり、弟は同様にハルハから南下してきた女性と二度目の結婚をし、そしてデムジトさんが生まれた。

「わたしたちは二人姉妹でした。わたしの姉は二一歳で一九五五年に亡くなりました。わが家は裕福ではありませんでした。貧乏と言ってよいでしょう。三、四〇頭のヒツジ、ヤギと二頭のウマがあり、ウシはいませんでした。ラクダもいなかったので移動するときは人から借りていました。近距離なら、荷を背負って移動していました。

わたしの本当の両親は、わたしが幼いころに離婚して、母は別の人と暮らし始めました。継父は良い人でした。名前はダンザンサンボーと言います。実父も別の人と暮らすようになりました。文化大革命のときに、トルゴード党員だの、内人党員だのとレッテルを貼られて、殴られ批判されて監禁されていたところ、身体を悪くして死にかかっていたので、病院に連れて行くということで監禁場所から出されましたが、立つこともできないまま、ロバに乗せて移動する道中、亡くなったと聞きました。長いあいだ暗い牢屋に監禁されて日の光も見ず風にもあたらなかったのに、突然屋外に出されて吐いて死んだのです。わたしたちは文革当時まったく会うことができませんでした。あとで骨を拾うこともできませんでした。

両親は離婚しましたが、わたしは実父に会いに行っていました。一九六六年に挨拶に行ったのが最後となりました。牢屋に監禁されて、一九六九年に亡くなりました」

他の地域であれば、家畜の所有頭数が三〇前後のような牧民であれば、貧戸の範疇に入り、それゆえに叩かれるのではなくて叩く側に回れそうなものである。しかし、この地域では、結局のところ貧富の差なくモンゴル族であることだけで大いなる災いとなった。

すなわち中国のなかでも、内モンゴル自治区という北京に近い北辺であり、かつ内モンゴル自治区のなかでも古来より要衝の地でもあるエゼネ旗は、幾重にも仮想的理由が用意されるだけの社会的環境にあったのである。人びとがしばしば口にする「叩かれる人より叩く人の方が多かった」という表現は、この地域の社会災害がいかに著しかったかを物語っており、それは歴史的に一貫した社会的環境を反映しているのである。

そして、その一貫性は今日、この地に新たな活力を生んでもいる。国境貿易の拠点として一年のうち数回、期間を限って賑う町ツェへは、まさにドルマンツォーさんたちが南下してきた場所マンハン・ツェへである（写真2）。マンハンとは砂丘を意味する地形用語である。古来より、遊牧民たちはツェへという砂丘を抜けて居延沢の屯田開拓基地へ襲撃したのであろう。

このインタビューを行った翌年から、当該地域は活気を見せるようになる。モンゴル国の南部にある鉱産資源とりわけ石炭を中国西北部の製鉄工場へと運ぶために、モンゴル国からの鉄道が建設され始めたからである。

二〇〇六年現在、鉄道はすでに完成した。かつては人がもっぱら南下していたが、これからはもっぱら鉱産資源が南下することになるであろう（写真3）。そして、エゼネ旗は新たな開発の時

写真2　キリル文字による案内が国境貿易を示す。モンゴル国から来る人びとに向けて様々な日用雑貨品が販売されている。

写真3　内蒙古自治区額済納旗口岸にて。モンゴル国産の石炭が，新たに敷設された道路によって開発地区へ運ばれる。撮影者：秋山知宏（名古屋大学大学院環境学研究科・総合地球環境学研究所）

代に突入した。

ポプラの一種である胡楊林を守るために、一部の遠隔地域を除いてほぼ全面的に放牧禁止地区となる一方で、その見返りでもあるかのように、エゼネ旗中心地では建設ラッシュを迎えているのである。「軍民双備」というスローガンすなわち軍事と民事の相互協力モデル地域として、公的投資が集中している。かつての「屯田」概念は今なお生き続けていると言っても過言ではあるまい。

［付記］　ドルマンツォーさんは二〇〇五年一一月三日に亡くなった。ご冥福をお祈りするとともに改めて、私たちにその人生を語ってくださったことに感謝申し上げげる。

黒河に生きた人々

中尾　正義

辺境の屯田兵

ユーラシア大陸のほぼ中央に、かつて地上の楽園と謳われたオアシスがあった。遠く二〇〇〇年以上昔、匈奴とよばれる遊牧民がその軍馬を休ませる拠点であったに違いない。その当時の中華世界の西端に位置する辺境の地である。オアシスの傍には、琵琶湖の三倍にも達する巨大な湖があった。居延沢である。南方にある祁連山脈の氷河の融け水を集めた黒河とよばれる大河が居延沢に流れ込み、満々たる湖を支えていた。湖の際には現在エゼネ（額済納）とよばれるオアシスがある。湖のほとりに広がるその緑の地に、匈奴に長く押さえつけられていた漢は、多くの民を屯田兵として送りこんだ。匈奴のくびきからの脱却を図ったのである。

人々が送られたのは、当時居延とよばれていたエゼネ近くの土地だけではない。そもそも漢は、黒河の中流地域、エゼネの上流に位置する河西回廊にある張掖や酒泉などのオアシスにも大規模な灌漑農地を開いていた。東隣の武威と西隣の敦煌を合わせた河西四郡の設置が行われていたのである。居延は、漢がこれら河西回廊のオアシス群から北の匈奴に対して振り上げた腕の握り拳にあたる。

送り込まれた人たちは、黒河の水を引き込んで灌漑農地を開発した。その地における自らの生活を支えるためである。生きるためとはいえ、戦雲の到来をにらみながらの厳しい作業に違いなかったことであろう。しかし、豊かな日の光に恵まれる乾燥地帯にあって、弱水ともよばれる黒河が運んでくる祁連山脈の雨や氷河の融け水は、これらの地に豊かな実りをもたらす農業を可能としたのである。周囲を荒涼たる沙漠に囲まれて、緑あふれるその地はきわめて重要な軍事拠点となったのである。

しばらくすると、居延沢の面積は急激に減少してきた。黒河の中流地域に当たる河西回廊にある張掖や酒泉などのオアシス群および最下流地域に当たる居延に送り込まれた人々が農業に多量の水を使うようになったことによって、湖に流れ込む河の流量が減ったためだとしか考えられない。そのころ目だって大きな気候変化は認められないからである。

ともあれ居延沢は急速にその面積を減らした。湖が小さくなったとはいえ、漢が居延の地から撤退した後も、ある程度の人々が住んでいたようである。唐代になって、同地に住む人の数は幾分増加したようだが、確たる証拠はない。唐の版図に入れるにはあまりにも短い、線香花火のような統治であった可能性が高い。

隆盛を誇る交易都市

この地が再び脚光を浴びるのは一一世紀に西夏の治世となってからである。西夏は黒河の最下流地域に黒水城を築き、周囲には灌漑水路をめぐらして再び農地を開き食糧を生産した。その面積は、漢代ほどではないものの、現在のエゼネオアシスのおよそ二倍にも達するほどの耕地があったと考えられる。しかしこの地に住む人々が食糧を自給するには不足していたようだ。外から食糧を運び込むことによってやっと生活できていたと思われる。それでも人々はこの地を捨てなかった。それは、勢いを増してきたモンゴルに対抗するために、西夏にとって黒水城の地が軍事拠点としてきわめて重要であったからに違いない。

その頃、黒河の流れは西へと変化し始める。現在のエゼネ旗がある方向へと河がその流れを変えたのである。現在ガショーンノールとよばれる湖ができ始めたのである。そして黒水城はモンゴルの手に落ちた。西夏の滅亡は一二二七年のことである。

西夏を滅ぼしたモンゴルは世界帝国への道を歩む。黒水城は拡幅されてカラホトとなり、ユーラシア大陸中央に位置する一大交易都市へと変身したのである。西から東から、そして北から南から行き交う人々が交錯し、豊かな文化を生み出したことであろう。河西回廊の張掖や酒泉のオアシスもそれぞれ甘州、粛州と名を変え、新たな時代へ入っていった。人口も増え、これらの人々を支えるには従来の農地だけでは十分ではなかった。黒河の中流地域では特に大規模な灌漑用水路を開発し、新たな農地を次々に開いていった。

しかし当時世界規模で生じた気候の寒冷化にともない、祁連山脈にある氷河からの融け水は細り、黒河の水は次第に減少していった。にもかかわらず、新たな農地は引き続き開かれていった。その結果、黒河の水量はますます減少し、末端付近では、河の水がしばしば断流した。末端の湖もさらにその面積を減らした。人々は、水不足による農業生産の減少を食い止めようと、新たな農法を導入して何とかしのごうとしてきた様子も伺える。

放棄された辺境

一三七二年、カラホトは明軍の手に落ちる。しかし明はカラホト周辺を放棄し、祁連山脈山麓のオアシス群の北側まで撤退した。長城を築いてその南側、中流地域までを版図としてモンゴルと対抗したのである。河の水が細った黒河の末端付近にまで兵士を送り、そこを維持するだけの国力がなかったとされる。しかし、水不足が明らかな土地を放棄するという道を選んだ可能性もある。やむなく末端地域から撤退したのではなく、むしろ積極的に放棄という戦略をとったのかもしれない。

しかしながら実はこの頃は、祁連山脈から黒河に流れ込む水の量は再び増加に転じていた。気候の寒冷化は底をうち、温暖化へと転じていた。太った氷河は再び細り始め、氷河が小さくなっただけの水が黒河に注ぎ込まれるようになってきたのである。にもかかわらず、長城の北側に位置するカラホトが次第に砂に埋もれて廃墟になっていったのは、まさにこの時代である。カラホトの極端な水不足。

その理由は、明による甘州や粛州での農地開発のために、下流地域へと流れ下る黒河の水が細ったためである可能性が最も高い。末端地域を放棄した明は、縮小した版図の西北端にあたる河西回廊一帯で、さらなる農地開発を進めていたのである。黒河からの取水量は以前に比べてはるかに増加したものと考えられるからである。

放棄されたカラホト地域。隆盛を誇った同地に暮らしていた人々はいったい何を思い、そしてどこへ行ったのだろうか。そのことを知る手がかりはない。

トルゴード安住の地

清代に入って、チベットや青海との争いに加えて新疆での対ジューンガル戦への備えということもあって、甘州や粛州での農業生産はますます活発化してきたようである。しかし開けるだけの場所は既に農地になってしまっている。人々が新たに目をつけたのは黒河の河床からはるかに高い扇状地の上部である。このような場所をも農地にするためには、はるか上流から水を引くしかない。人々は地下水道を建設した。以前は水を引くすべがなかった土地をも農地に変えることに成功したのだ。もちろん、この成功からもたらされたのは黒河からの取水量の増加であったことはいうまでもない。

当時、かつてカラホトとよばれた地域に住む人々の数は限られていたようである。そこで清朝は、遠くロシアの地から戻ってきたトルゴードの人々にその地に住むことを許す。やっと安住の地を得た流浪の民、エゼネトルゴード。かつての居延の地で、祖先以来の遊牧業を営み、その暮らしが長く続くことを願ったことであろう。

しかしその頃は、祁連山脈から黒河に供給される水量が少ない時期に相当していることもあってか、黒河中流地帯の中にあるオアシス間でも水争いが頻発してきたのである。ましてや下流地域では、春と秋の播種時期には黒河の流れがしばしば断流した。河床に残るたまり水しか使えない事態となったのである。トルゴードの人たちは水不足を嘆き、陳情も行うが、中流地域のオアシス同士の水争いの中に埋没してしまったのではなかろうか。

こうして黒河流域に住む人々は二〇世紀へと突入したのである。

長い歴史の果てに

右に概観してきたように、この地の人々の苦難や栄光は、黒河流域のもつ地理的な位置が中華世界にとっての辺境に位置したことによる。漢と匈奴との抗争の地。西夏とモンゴルとの争いの最前線。明による長城の建設と対モンゴル戦。清によるジューンガル戦への備えなど、軍事的要衝として黒河流域の持つ価値が、そこに暮らした人々の歴史を決定付けたといえよう。戦乱の歴史の主役として、人々は過ごさざるをえなかったのである。

元の治世下、世界交易の中核都市を擁してわずかに平和を楽しむことができただけかもしれない。しかしそれとても、西方に乱が起きれば交易都市も軍事最前線へと逆戻りしたのである。軍事の最前線としての黒河流域（中尾、二〇〇六）。

黒河流域が軍事最前線であるという事情は今でも変わらない。張掖や酒泉のある河西回廊とエゼネとのほぼ中央には人民解放軍の最重要駐屯地のひとつがある。人工衛星打ち上げ基地として名高い酒泉衛星センターである。しかしそこは、同時に中国のミサイル基地でもあるのである。

軍事拠点を支えるために、人々は食糧を作り出さなくてはいけない。しかしこの地は食糧生産に不可欠な水が極めて限られているのである。人々の歴史は、現実の戦に備えるだけのものではなく、水との戦いの歴史でもあるのだ。つまりこの地の歴史は、軍事抗争の歴史であるとともに、軍事拠点を支えるための食糧基地たるべく作り出された歴史ともいえよう。もちろん現在は、流域内にある人民解放軍のためだけに食糧を増産しているというわけではない。豊かな日の光に恵まれた黒河流域は、水さえあれば極端に高い農業生産をあげることができる。流通が発達した現代にあっては、中国の食糧基地という役割が与えられるようになってもきている。しかし軍事拠点と直結した食糧基地という意味合いでは、昔となんら変わっていないといっても良かろう。

また、この地の歴史は人々の移動の歴史といえるかもしれない。軍事拠点の重要度が高まる緊張がおきるたびに、人々はこの地へ送られ、開墾し、食糧を増産しては拠点を支えてきたのである。時として人々は去った。しかしまたこの地へと送られてきたのである。

移動の歴史であるがゆえに、人々の歴史は黒河流域に閉じていない。遠く漢の時代にも東の中華世界から送られた人たちだけではなかろう。匈奴の地から来た人々もいれば胡地へ去った人も数多くいたに違いない。現在も、西部大開発のスローガンのもとで東の沿海地方から多数の人が流入してきているし、モンゴル国との間での相互の移動も起きている。

二〇世紀に入ってから、特にその後半については、その時代史が本書の主題なので、前章までの各章に詳しく述べられている。しかし前章までに登場しない人々として、文化大革命時代に下放された人々がいる。主として都会にいた教師などの知識人が、地方での農業生産へと追いやられた現象である。黒河流域もこれら知識人の受け入れ先のひとつであった。多くの知識人がペンを捨てさせられ、荒地を開き、農民として働くことを余儀なくさせられたのである。現在では、元の職場あるいは都会へと戻っている人たちが多く、聞き取り調査の対象者として浮かび上がってきてはいないが、これらの人々の存在も忘れてはなるまい。

人々の生活史を求めて

人はともすると今を特別の時代だと思いたがる。たぶん自らが今を生きているからだろうが、果たしてそうなのだろうか。たしかに、前章までに述べられているように、黒河流域を見ても、ここ五〇年間に実に多くのことがあった。大躍進、文化大革命、改革開放、西部大開発と中国語の熟語スローガンの推移を見るだけでも、激動の時代であったことは間違いない。その時代を生き抜いてきた人々の生き様を、生き残った人たちの証言をもとに、われわれはかろうじて知ることができる。

ではそれまでの時代は、人々にとってどんな時代だったのだろうか。気候の大変動や軍事衝突、あるいは政策の転換や社会の動きなどの大事件については、いくつかの事象をつき合わせて何らかの想像をすることができよう。しかし人々がその時代をどう生きたかという、いわば生活史を知ろうとするとき、われわれは大きな壁に突き当たる。たしかに個人の思いを記録した文書もあることはある。しかしそれらはあまりにも断片的にすぎないからである。

はじめに概観してきた黒河流域二〇〇〇年の歴史を見ても、じつに多くの事件が起きてきた。ともすれば、これらは歴史上のイベントであり、引き続くイベントとの相互関係などにわれわれは目を奪われがちである。しかしわずかひとつのイベントであっても、その影には、そのことによって、泣いて、笑って、怒って、喜んだ人々がいたことを忘れてはなるまい。

しかしわれわれは、彼らがその時代をどう生きたかということを今や直接聞くすべをもたない。そうである以上、激動の今を生きる人々にとって今がどういう時代かということを問い直すことは、あながち無駄なこととは思えない。もちろんその証言自身が現代史として重要な意味を持つ。しかしそのことに加えて、かつて生きていた人々がそれぞれの時代をどう生きたかを、われわれが思い起こす一助にはなるだろうからである。現代史を問い直す一つの意味はここにもあるのではなかろうか。

参考文献

中尾正義、二〇〇六、「オアシスの盛衰と現代の水問題」（日高敏孝・中尾正義編『シルクロードの水と緑はどこへ消えたか?』昭和堂、七四～一一八頁）

あとがき

本書は、二〇世紀、特に中華人民共和国成立後にあたるその後半に焦点を当てて、黒河流域に生きた人々の現代史を振り返ったものである。執筆陣は、二〇〇一年度～二〇〇六年度にかけて、地球研（総合地球環境学研究所）のオアシスプロジェクト（タイトル「水資源変動負荷に対するオアシス地域の適応力評価とその歴史的変遷」）に集った研究者たちのうち、過去二〇〇〇年の歴史復元研究に生かすために、特に最近の自然環境や社会、人々の変化・変容を詳細に調べたチームの面々である。

黒河流域に暮らす人々は、今も多くの問題を抱えている。水問題はなくとも、過疎化に陥りそうな最上流地域の人々。政策に翻弄されて山へ里へと移住を余儀なくされてきた上流地域の人々。黒河の水利用を制限されて井戸水に頼り始めた中流地域の人々。地下水位の低下が続き、大金をかけて深井戸を掘らざるを得なくなってきている中流地域の農民たち。生態移民で開発村へ移住した牧民たちは今からをどう生きていくのだろうか。農業への転換か、あるいは牧草を育ててあくまで牧業を捨てないのだろうか。彼らは深井戸の水もそのうち失くなることを予見しているのだろうか。このまま温暖化が進めば、氷河が消失して黒河の水流がますます細ることを認識しているのだろうか。下流域で生態移民を余儀なくされた人々は、移民村でどう生きていくのだろうか。ゴビへと移住した人たちの今後はどうなるのだろうか。

こうした事態の中で、それぞれの人々が守り育ててきた文化や環境もまた変容を余儀なくされている。文化大革命によって迷信として切り捨てられてきた伝統や習慣。これらは少しづつ復活の兆しはあるものの、今後の彼らの生き様の中でまた変わっていくことであろう。

希望はある。新しい動きが出ているからである。中央政府の力が極端に強い中国にあっても、生態移民とよばれる強制的な移住をしなくても良いシステムを実験的にはじめようとしている人々が出始めている。単に昔に戻るのが良いこととは限らない。要は、今を生きている人々が、生きる意義を感じることができる自然環境と社会とが来ることを願うばかりである。

本書が出版にこぎつけられたのは、はじめの約束よりもはるかに出稿が遅れたにもかかわらず、忍耐強く対応してくださった東方書店の川崎道雄さんのお陰である。記して謝意を表したい。最後に、六年間にわたるオアシスプロジェクトの調査期間中、限りない援助と喜びをわれわれに与えてくださった、黒河に生きる人々に感謝し、その皆さんの将来に思いをいたしつつ本稿を終えたい。

二〇〇七年三月

中尾　正義

中国《ちゅうごく》辺境《へんきょう》地域《ちいき》の50年《ねん》
黒河《こっか》流域《りゅういき》の人《ひと》びとから見《み》た現代史《げんだいし》

二〇〇七年三月三〇日　初版第一刷発行

編　者●中尾正義・フフバートル・小長谷有紀
発行者●山田真史
発行所●株式会社東方書店
東京都千代田区神田神保町一—三 〒一〇一—〇〇五一
電話〇三—三二九四—一〇〇一
営業電話〇三—三九三七—〇三〇〇
振替東京〇〇一四〇—四—一〇〇一
装　幀●知覧俊郎事務所
印刷・製本●株式会社シナノ

定価はカバーに表示してあります

ISBN978-4-497-20706-7　C3022
乱丁・落丁本はお取り替えいたします。
恐れ入りますが直接小社までお送りください。

小社ホームページ〈中国・本の情報館〉で小社出版物のご案内をしております。http://www.toho-shoten.co.jp/

編　者

中尾　正義（なかを　まさよし）　総合地球環境学研究所教授

主著：『シルクロードの水と緑はどこへ消えたか？』（共編著、昭和堂、2006）、『ヒマラヤと地球温暖化——消えゆく氷河』（編著、昭和堂、2007）など

フフバートル　昭和女子大学助教授

主著：『変容するモンゴル世界——国境にまたがる民」（共著、新幹社、1999）、"The History and the Political Character of the Name of 'Nei Menggu' (Inner Monglia)" (Inner Asia 6、2004）など

小長谷有紀（こながや　ゆき）　国立民族学博物館教授

主著：『モンゴルの二十世紀——社会主義を生きた人びとの証言』（中央公論新社、2004）、『中国の環境政策　生態移民』（共編著、昭和堂、2005）など

執筆者

窪田　順平（くぼた　じゅんぺい）　総合地球環境学研究所助教授

谷田貝亜紀代（やたがい　あきよ）　総合地球環境学研究所助手

坂井亜規子（さかい　あきこ）　名古屋大学21世紀COE研究員

尾崎　孝宏（おざき　たかひろ）　鹿児島大学助教授

中村　知子（なかむら　ともこ）　東北大学大学院博士後期課程

シンジルト　熊本大学助教授

陳　　菁（チェン　チン）　河海大学教授

マイリーサ　立教大学非常勤講師

児玉香菜子（こだま　かなこ）　日本学術振興会特別研究員

サランゲレル　中央民族大学教授

現代中国の50年と西部・黒河流域年表

（作成：フフバートル、シンジルト）

	現代中国の50年	西部・黒河流域
1949年	09中国人民政治協商会議、共同綱領採択。 10中華人民共和国成立宣言。	07甘粛省高台県・馬尾湖ダム竣工、貯水量700万立方メートル。 09甘粛省臨沢県、高台県人民政府設立。 10甘粛省金塔県、鼎新県人民政府設立。 11エゼネ旗自治区人民政府設立。
1950年	06全国政協１期２回会議、「土地改革法草案」採択。	03高台県、アヘン禁止令を発布。 05高台県、纏足厳禁訓令を制定。
1951年	10人民解放軍、チベットのラサに進駐。	02金塔県、鼎新県が「一貫道」を取り締まる。 05「チベット平和解放協議」調印。 08高台県土地改革委員会設立。
1952年	08中央人民政府、「民族区域自治実施要領」を公布。	・中国人民解放軍、新疆で軍墾農場群建設。 01高台県で「三反五反」運動を展開。 03臨沢県土地改革完了。 06高台県土地改革完了。 10黒河源流に位置する青海省祁連自治区人民政府設立。
1953年	01『人民日報』、重工業優先の第１次５カ年計画を提起。 05中ソ両国、「ソビエト社会主義共和国連盟政府、中華人民共和国中央人民政府を援助し、中国国民経済を発展させることに関する協定」締結。	・ソ連援助156プロジェクトの多くが西部で実施。そのうち16が甘粛省で実施。 05高台県が「一貫道」を取り締まる。 07祁連山撒里畏吾爾（シャラ・ヨゴル）自治区設立、10月粛南ヨゴル族自治区に改称。 11青海省祁連自治区が祁連県に改称。 12青海省海北チベット族自治州設立、祁連県を管轄下におく。

1954年	02中共7期4中全会、過渡期の総路線を決裁。 09全人代第1期1回会議、「中華人民共和国憲法」採択。 10中共7期4中全会、農業集団化決議。	・中国最大の有色金属基地白銀有色金属公司が甘粛省で設立。 02粛南ヨゴル族自治区が粛南ヨゴル族自治県に改名。粛南ヨゴル族自治県内において、4つの林業管理站が設立。 12新疆生産建設兵団設立。
1955年	02中共が「少数民族地域における農業社会主義改造問題に関する指示」を頒布。 03中共が「唯物主義を宣伝し、資産階級の唯心主義思想を批判する指示」を頒布。	・1988年まで、粛南ヨゴル族自治県と周囲各自治体との間で、土地をめぐる紛争が115回発生。 02エゼネ旗自治区がエゼネ自治旗に改称。 10新疆ウイグル自治区設立。
1956年	04毛沢東、「百花斉放、百家争鳴」を提唱。 09中共8全大会、第2次5カ年計画建議、農業・軽工業建設にも注意。	03金塔県と鼎新県が合併、金塔県となる。 06エゼネ自治旗はエゼネ旗と改称し、内モンゴル自治区バヤンノール盟の管轄下に入る。 08金塔県が河南省から移民525世帯2397人を受け入れる。 09臨沢県が河南省から移民1030世帯4628人を受け入れる。 10高台県が蘭州市と河南省から移民576世帯2668人を受け入れる。
1957年	04中共中央、整風運動を指示。 06中共中央、右派への攻撃を指示。 09国務院、「今春明冬に農田水利の興修及び肥料堆積運動を大規模に展開することに関する指示」発布。	07エゼネ旗委員会、甘粛省張掖地区、金塔県政府に適量の放水を求める。 08高台県で反右派運動が始まる。翌年9月終結。 10粛南ヨゴル族自治県内で社会主義教育と反右派運動が始まる。
1958年	01「戸籍登録条例」発布。 05中共8全大会2回会議、大躍進、社会主義建設総路線を提起。 08毛沢東、人民公社を評価。	05黒河下流域のエゼネ旗で10余万人の人民解放軍投入の軍事施設建設、遊牧民197世帯移住。 06エゼネ旗人民政府所在地、ダライフブに移転。 ・青海省、甘粛省などにおいて

		「チベット反乱」平定が展開。 06祁連県内で、400人あまり逮捕され、家畜など大量没収（1980年代政府は、反乱平定が拡大化したと説明）。 08粛南ヨゴル族自治県で反革命分子を鎮圧する運動が始まる。251人逮捕、いくつかの寺院が破壊され、10月大躍進運動が始まる。 08高台県内「人民公社」化が進み、公共食堂を1046箇所作り、31153世帯164869人の食事を提供。 10中国初天然石油基地玉門油田建設完了。 10寧夏回族自治区設立。 11甘粛、河南両省、「河南、15万人の青年を動員、甘粛建設参加に関する協議」採択。 ・この年蘭州化学工業公司設立。
1959年	08「反右傾闘争」開始。 08中印国境紛争。	06「甘粛、青海両省辺界問題についての協議」採択。黒河上流域粛南ヨゴル族自治県で4年にわたる人口大移動開始。 10周恩来、包鋼生産開始式典参加。 10河南省から支援辺境青年2167人が粛南ヨゴル族自治県に来、農地を開拓し草原破壊をもたらした。 ・高台県内において、人口流出と非正常死亡現象が出現。
1960年	07ソ連、対中国援助を全面中止。	08国家公安部副部長が事情調査のため高台県に臨み、高台県が「人命を救うための指示7条」を下す。 ・高台県の黒達坂ダムが竣工、貯水量10万立方メートル。

1961年	01中共8期9中全会、国民経済の調整方針を決定。 05中共中央工作会議、「農村人民公社工作条例（草案）」（「農業60条」）と都市人口削減などの規定を決議。	04高台県で公共食堂、解散。
1962年	09中共8期10中全会、毛沢東、階級闘争を強調。	
1963年	11全人代2期4回会議、「自力更生」の方針を強調。	
1964年	05毛沢東、「三線」地域での鉱工業基地建設を主張。	03臨沢県で社会主義教育運動が始まる。翌年5月まで継続。 10ロプノールで第1回原爆実験。 11高台県で社会主義教育運動が始まる。翌年5月まで継続。 ・祁連県で社会主義教育運動が始まり、66年末まで継続。 ・翌年春にかけて、粛南ヨゴル族自治県で、30年ぶりの大干ばつが発生。
1965年		09チベット自治区設立。 ・この年嘉峪関鋼鉄基地建設。
1966年	08中共8期11中全会、「プロレタリア文化大革命に関する決定」採択。	・黒河流域各県で文化大革命が始まる。各地方人民政府は「革命委員会」と改称。 02祁連県内で狼退治キャンペーン、開始。 08エゼネ旗における寺院などの破壊が始まる。
1967年	02「二月逆流」事件。 06初の水爆実験。	02高台県人民武装部が「文化大革命」運動に介入。 06国務院林業会議決定により河西回廊で農田林網建設開始。
1968年	10幹部の下放、本格化。 12毛沢東、知識青年に「上山下郷」を指示。	

1969年	03中ソ国境珍宝島で軍事衝突。	04蘭州生産建設兵団設立。 09エゼネ旗、甘粛省に管轄。
1970年	04初の人工衛星打ち上げ。 08国務院、北方地区農業会議招集。	・臨沢県毎畝食糧生産高502斤、「人民日報」の賞賛を受ける。植林面積 11.2万畝。
1971年	・林彪クーデター未遂事件。 10中国、国連加盟実現。	04高台県・馬尾湖ダムが強風のため決壊。 06金塔県・解放村ダム竣工。貯水量 3000万立方メートル。 09国務院、「三北地区で8000万畝の防護林体系建設」決定。張掖地区、重点建設地区に。
1972年	09日中国交正常化。	07高台県・水関ダム竣工、貯水量69 万立方メートル。滲み漏れが激しく後「病みダム」とされる。
1973年	04鄧小平、副首相に。	04祁連県干ばつ。 10高台県・羅城黒河大橋竣工。
1974年	01批林批孔運動始まる。	07祁連県、高台県に水害。
1975年	01全人代４期１回会議、周恩来、20世紀末までの「４つの現代化」を掲示。	05金塔県・鼎新黒河大橋竣工。 10高台県・六壩黒河大橋竣工。
1976年	07河北省唐山で震度7.8の地震。 09中共中央主席毛沢東死去。 10「四人組」逮捕、華国鋒、党主席に就任。	09臨沢県・平川黒河大橋竣工。
1977年	07中共 10 期 3 中全会、鄧小平再復活。 08中共 11 全大会。	04臨沢県は秒速32メートルの黄砂に襲撃され、死者18人負傷者４人、家畜死傷2000頭の被害。 07祁連県内黒河水位急増、黒河の橋が崩壊、南北交通麻痺。 08粛南ヨゴル族自治県は草庫倫形式の牧地管理方針を決定。 09粛南ヨゴル族自治県は国防建設のため、解放軍に土地6.24平方キロメートルを提供。 10高台県・石灰関ダム竣工。貯水量252万立方メートル。

1978年	12中共11期３中全会、鄧小平の「改革開放」路線開始。	・臨沢県食糧栽培面積18.34畝、毎畝生産高827斤。
1979年	01アメリカと国交正常化。 07中共中央、広東・福建両省で経済特区試行承認。 09「中華人民共和国環境保護法（試行）」採択。	05祁連県内30年ぶりに黄砂に襲われ、家畜や農作物の被害甚大。 07エゼネ旗、再び内モンゴル自治区に管轄。 12エゼネ旗、新設アラシャ盟に管轄される。
1980年	08全人代５期３回会議、華国鋒総理の後任に趙紫陽。 09中共中央、各省自治区党委書記「辺境の貧困･落後地区の『温飽』問題解決」について討論。	・国家は、祁連山森林を水涵養林と指定。 07臨沢県内黒河河川氾濫、秒速流量720立方メートル。
1981年	06中共11期６中全会、「文革」を全面否定。胡耀邦、党主席に。鄧小平、中央軍事委員会主席に。	05高台県・駱駝城遺跡が甘粛省文物保護対象となる。
1982年	01中共中央、全国農村生産隊の90％が農業生産責任制確立と発表。 09中共12全大会、鄧小平「中国的特色ある社会主義建設」を提起。	・金塔県が国務院に「河西商品食糧生産基地」のひとつと認定される。 09祁連県内の黒河大橋が竣工。 12中共中央財政指導グループ、甘粛省河西商品食糧基地及び中部乾燥地区農業建設の加速問題について討論。 ・張掖地区、両西建設地区に指定、移民による農地開発開始。
1983年	01鄧小平、「先富論」を提起。	・高台県住民200世帯1030人が駱駝城に移住。
1984年	05全人代６期２回会議、「民族区域自治法」を制定。	02国家林業部が臨沢県を「全国緑化先進県」と命名。 07甘粛省政府が、駱駝城郷の設立を批准。
1986年	09中共12期６中全会で「中共中央による社会主義精神文明建設に関する指導方針の決議」通過。 09～11鄧小平が４回にわたり政治体制改革の問題に言及。	10高台県・黒達坂ダムの補強工事が完了。

1987年	01胡耀邦総書記辞任、後任に趙紫陽。 04 中共中央、「民族工作に関するいくつかの重要な問題の報告」発表。 10中共13全大会、趙紫陽、「社会主義初級段階論」を強調。	
1988年	06国務院、「中華人民共和国私営企業暫定条例」を頒布。	10国務院、祁連山の涵養林を国家級林業自然保護区に指定。
1989年	05ゴルバチョフソ連共産党書記長訪中、中ソ関係正常化。 06天安門事件 ・中共13期４中全会、趙紫陽総書記解任、後任に江沢民。	
1990年	03「中華人民共和国香港特別行政区基本法」通過。	09「新欧亜大橋」全線開通。河西回廊、アジアとヨーロッパを結ぶ交通要路となる。
1992年	10中共14全大会、「社会主義市場経済」を公認。	04エゼネ旗が黄砂に襲われ、農作物と家畜などが大きなダメージを受ける。 08国家主席江沢民、河西回廊視察。
1993年	02「中華人民共和国国家安全法」通過。	04強い黄砂が寧夏、甘粛、新疆、内モンゴルを襲う。 10新疆で地下核実験実施。
1994年	02国務院、全国貧困扶助開発工作会議、20世紀末までに全国8000万貧困人口の「温飽」問題の解決を提起。 12三峡ダム工事着工。	04エゼネ旗が黄砂に襲われ、直接的な経済損失約451万元。 07中共中央・国務院、第３回チベット工作座談会、経済社会の発展を提起。
1995年	01中共中央農村工作会議、農業経済発展を目指す８つの重要問題を提起。	・張掖地区農業産業化実施。
1996年	12鉄鋼生産量、１億トンを突破する。	05エゼネ全旗の灌漑耕地面積40.42万畝に達する。 08黒河氾濫により、エゼネ旗は50年ぶりに水害を受ける。

1997年	02鄧小平死去。 07香港、中国に返還。 09中共15全大会、鄧小平理論を全党の指導思想として確立。	
1998年	02中共15期２中全会、「国務院機構改革方案」採択。 08中共中央政治局常務委拡大会議、長江の洪水対策を協議。	06長江流域で大洪水発生。
1999年	03中共中央、人口、資源、環境工作座談会開催。 06江沢民、西北五省、自治区国有企業改革発展座談会で西部地区の開発を強調。	・青海省領内黄河、８カ月にわたり断流。 ・水電部、張掖市を全国初の節水型社会モデルに指定。
2000年	03中共15期３中全会、「西部大開発」の戦略始動。 05生態移民政策実施。	05黒河流域で「生態移民」政策実施。 07水力部、「黒河流域近期治理企画」を発布。 10第10次５カ年計画の４大プロジェクト「南水北調」「青蔵鉄道」「西気東輸」「西電東送」採択。
2001年	11中国、ＷＴＯ正式に加盟。	
2002年	11 16期１中全会で胡錦涛が総書記に選出される。	12「中華人民共和国国務院令（第367号）」「退耕還林（草）」を公布。